*B. & K.*

**Tobias Mindner**

# BERNSTEIN ZIMMER SUCHE

## Mit Presse und Trompeten

*Verlag Bock & Kübler*

Mein besonderer Dank geht an Ria Schachtschabel,
Dietmar B. Reimann, Stefan Mindner, Hans Stadelmann
und Sandra Schurz.

© Verlag Bock & Kübler, 1998

Berlin – Fürstenwalde

Alle Rechte vorbehalten.

Satz/Gestaltung: Kathrin Steuer

Gesamtherstellung: Druckhaus Köthen GmbH

Printed in Germany

ISBN 3-86155-088-1

# Inhalt

# Ein Vorwörtchen

"Das achte Weltwunder", "Der legendäre Schatz" – mit solchen Formulierungen gehen Journalisten und Autoren bei ihren Lesern hausieren. Der "Mythos Bernsteinzimmer" ist als solcher erst in den letzten Jahren entstanden, hauptsächlich nach der Wende im Osten: Dubiose Stasiaktivitäten, verbotene Moskauer Archive und geheimnisvolle Militärliegenschaften werden erst so betitelt und beflügeln hernach die Phantasie der Schreiber selbst. Und es paßt auch alles so schön: das verschollene Kunstwerk, eine Handvoll Toter – die, je länger zurückliegend, um so mysteriöser umgekommen sind –, widersprüchliche Zeugenaussagen und den "großen Unbekannten" als Gegenspieler. Und jede Menge Spuren, angeblich.

Ein Großteil der Geschichte um das verschwundene Zimmer hat sich lediglich in Büchern, Zeitschriften, Fernsehsendungen und Zeitungen abgespielt. An sich wäre gegen gelungene Unterhaltung ja nichts einzuwenden, wenn sie nicht als ernstzunehmende Wirklichkeit verkauft würde. Überdies ist die Unterhaltung oft keineswegs gelungen.

Hervorgegangen aus einer wissenschaftlichen Arbeit, werden in diesem Buch alle Veröffentlichungen zum Thema "Bernsteinzimmer" betrachtet, die in ausgesuchten Medien zu lesen (hören) waren. Der exakte Zeitraum umfaßt die Jahre 1990 bis 1997, beleuchtet aber auch die Gesamtzusammenhänge mit Blick auf die vorhergehenden Jahre. Die Darstellung ist chronologisch geordnet.

7

# Von eynem Kunstwerke, dasz famos ist und seyner Historie

## oder: Womit alle anfangen

Wenn es nicht viel Neues gibt, muß man eben das Alte wiederholen. So hat es bisher keine größere Veröffentlichung versäumt, die Geschichte des Bernsteinzimmers zu erzählen, sei es als Buch oder die 13. "DPA"–Meldung zum Thema. Deshalb auch hier das Nötigste nur ganz kurz zusammengefaßt.

1701 läßt sich der Hohenzollern–Fürst Friedrich der Dritte zum König Friedrich dem Ersten von Preußen krönen. Er setzt sich und seiner Gemahlin die Krone selbst aufs Haupt, und zwar in Königsberg, der damaligen ostpreußischen Hauptstadt.

Königsberg und seine Ostseeküste, das Samland, sind zu dieser Zeit Mittelpunkt der Bernsteingewinnung und –verarbeitung. Wohl deshalb kommt es dem offenbar prunkliebenden Herrscher in den Sinn, ein ganzes Zimmer in seinem Berliner Schloß mit dem steingewordenen Harz zu vertäfeln. Gesagt, getan: bekannte ostpreußische und dänische Bernsteinschnitzer erhalten den Auftrag, eine solche Nobeltapete herzustellen. Dieses Unterfangen soll zwar die preußische Staatskasse stark belastet haben, aber es wird immerhin erfolgreich beendet.

Nach etlichen Jahren ist das königliche Schmuckstück fertig und wird im Berliner Stadtschloß eingebaut, in einem Zimmer, in dem die königliche Gesellschaft, Friedrich und ausgewählte Untergebene, die Konversation und den Tabaksgenuß pflegen. Die Freude des Potentaten an dem einmaligen Zimmer ist indes nur von kurzer Dauer, weil er einige Monate nach Fertigstellung stirbt. Sein Sohn, Friedrich Wilhelm der Erste, hat ganz andere Neigungen: ihm liegt weniger die Kunst im Sinn als vielmehr die Macht und das Militär.

1716 besucht ihn in Berlin der russische Zar Peter der Erste, der außerordentlichen Gefallen am Bernsteinzimmer findet.

Kurzerhand übergibt ihm der "Soldatenkönig" Friedrich Wilhelm das Schmuckstück, wahrscheinlich als Unterpfand für eine kriegerische Vereinbarung gegen die Schweden, die er aus Mecklenburg vertreiben will. (Inwieweit das Bernsteinzimmer ein Geschenk und nicht vielmehr eine Dauerleihgabe ist, müßte noch geklärt werden. Nach den Hausgesetzen des Hochadels der Hohenzollern hätte an sich keinerlei Besitz abgegeben werden dürfen; andererseits war die Zarenfamilie dem deutschen Adel ja familiär verbunden – wenn auch erst in den nachfolgenden Generationen.)

Im Gegenzug erhält der Soldatenkönig vom Zaren kurz darauf etliche "lange Kerls", Soldaten also, für seine Leibgarde. Das Bernsteinzimmer kommt nach Petersburg, das der Zar in den Jahren zuvor aus dem feuchten Boden stampfen ließ – als Prunkstadt und Tor nach Mitteleuropa. Die Tochter Peters des Großen, Elisabeth, bringt es zum Sommersitz der Romanows, nach Zarskoje Selo unweit Petersburgs. Der dortige Saal, der es beherbergen soll, ist deutlich größer: So wird es kunstfertig erweitert, mit neuen Sockelteilen aus Bernstein, venezianischen Spiegeln, Leuchtern, Marmormosaiken, Decke und Boden prächtig eingepaßt, und auch ein bißchen kitschig – in einer Mischung aus Barock und Rokoko, wie es heißt.

Erst 1918 ändert sich an diesem Zustand etwas: das Bernsteinzimmer kommt von Zarskoje Selo nach Puschkin, ohne sich bewegt zu haben – der Zarensitz ist umbenannt worden als Folge der Revolution.

Im Jahre 1941 dringen deutsche Soldaten bis nach Leningrad vor und evakuieren bald das Bernsteinzimmer, das trotz Bombardements auf das ehemalige Zarenschloß erhalten geblieben ist. Vielleicht muß man auch sagen "rauben". Ob geraubt oder evakuiert, läßt sich indes kaum an der Frage klären, wie mit dem Bernsteinzimmer nach dem Krieg verfahren werden sollte und ob das Entfernen nun in Einklang mit der sogenannten Haager Landkriegsordnung steht oder nicht, obwohl solche Deutungsversuche ständig wieder gemacht wurden und entsprechende Formulierungen in allen Publikationen auftauchen. Im letzten Kapitel mehr dazu.

Im ostpreußischen Königsberg, sodann im Schlosse teilweise aufgebaut, triumphiert dessen Kunstsammlungs–Direktor Rohde auch: *"Zurückgekehrt in des Wortes bester und tiefster Bedeutung in seine Heimat, der eigentlichen und einzigen Fundstelle des Bernsteins."*

In Königsberg wird es dann gut zwei Jahre ausgestellt, bevor es wiederum verpackt wird zum Schutz vor nahem Unheil, den Einwirkungen des Krieges. Einerseits droht Bombardement, andererseits läßt sich absehen, daß Königsberg von der Roten Armee eingenommen wird.

So wird es das letzte Mal gesehen Anfang 1944, zumindest das letzte Mal im aufgebauten Zustand. Ob es dann, verpackt in Kisten, in Königsberg oder dessen Umgebung eingelagert wird oder abtransportiert in zentrale Gebiete des Reichs, ist ungewiß. Sicher ist, daß der letzte "Aussteller" des Bernsteinzimmers, der Direktor der Kunstsammlungen, Dr. Alfred Rohde, 1944 auch Reisen nach Sachsen und Thüringen macht, wohl auf der Suche nach Unterbringungsmöglichkeiten für Königsberger Kunstschätze. Interessant in diesem Zusammenhang ist, daß er dabei Burgen und Schlösser besichtigt, weniger (Partei–)Bunker oder unterirdische Stollen. Ein Fakt, der im Zusammenhang mit tatsächlichen und angeblichen Verbringern des Kunstwerks bedeutsam ist.

Als die Sowjetarmee Königsberg im Frühjahr 1945 einnimmt, ist das Bernsteinzimmer nicht mehr da.

# Bekanntes und Bekenntnisse zur Suche nach der "Legende"

## oder: Wie man sich im Kreis drehen kann

Es ist weg. Obwohl es eben noch da war. Und keiner weiß etwas. Ein interessanter Beginn für eine spannende Geschichte. Der es wissen müßte, ist tot. Dr. Alfred Rohde, der Direktor der Kunstsammlungen zu Königsberg. Er ist in Königsberg geblieben, als es die Rote Armee eingenommen hat. Die Kunstschutzkommission unter Leitung von Professor Brjussow greift ihn sich. Doch er sagt nichts – weil er nicht gefragt wird. Professor Brjussow will von der Existenz des Bernsteinzimmers in Königsberg nichts gewußt haben. Als er es erfährt, im Herbst 1945, ist Rohde tot. Ermordet, wie Brjussow annimmt, von Unbekannten (Deutschen), die das Geheimnis hüten wollen. Später nimmt Brjussow an Suchaktionen nach dem Bernsteinzimmer in Kaliningrad teil.

Brjussows Geschichte wird 1959 in der DDR–Zeitschrift "Freie Welt" abgedruckt, dem Organ der Deutsch–Sowjetischen Freundschaft, in einer Serie über das Bernsteinzimmer. Allerdings tritt der Kunstschutzoffizier hier unter dem Pseudonym Barssow auf. Anlaß für die Veröffentlichung ist eine Serie zuvor in der russischen "Kaliningradskaja Prawda". In dem ausführlichen Artikel wird unter anderem spekuliert, daß Rohde in Königsberg geblieben ist, weil er sich nicht vom Bernsteinzimmer trennen wollte:

*"Dr. Rohde, der weder materielle Interessen noch familiäre Bindungen in Königsberg hat, blieb in der Stadt, mit ihm seine Frau. Wollte er das Bernsteinzimmer nicht im Stich lassen?"*

In einer Veröffentlichung der Hamburger "Zeit" von 1984, die sich auf "neue Erkenntnisse aus der DDR" bezieht, heißt es:

*"Er (Rohde – T.M.) war mit seiner Frau in Königsberg geblieben,*

11

*weil er weder den betagten Großvater noch seine Arbeit im Stich lassen wollte."*

1990, nach der Wende, findet sich plötzlich in Moskauer Archiven das angebliche Privattagebuch des Brjussow, der mittlerweile nicht mehr lebt. Darin steht, daß er verkohlte Reste des Bernsteinzimmers gesehen hat, verbrannt, in den Ruinen des Schlosses, 1945. Russische Soldaten hätten es wohl nach der Einnahme Königsbergs im Siegestaumel versehentlich durch einen Brand vernichtet.

Wer hätte noch wissen müssen, was aus dem Bernsteinzimmer geworden ist, aus den Kisten? Der Schloßverwalter Friedrich Henkensiefken erinnert sich, die Kisten im Januar 1945 auf dem Schloßhof stehen gesehen zu haben; auch, daß Rohde ihm gegenüber erwähnte, daß das Bernsteinzimmer den letzten Schloßbrand fast unversehrt überstanden hätte. (Es geht um den Brand im August 1944 nach dem zweiten Bombenangriff auf Königsberg.) Aber wohin ist es dann abtransportiert worden? Das weiß er nicht.

Es wurde gar nicht abtransportiert, weil es bei eben jenem Unglück verbrannte, sagt Frau Liesl Amm. Dr. Rohde habe anschließend ihr gegenüber erwähnt: *"Alles ist hin."* Sie, eine Freundin der Tochter Rohdes, habe auch eine honigartige Masse gesehen im Keller – das verbrannte Bernsteinzimmer.

Frau Amm schreibt dieses Wissen an das ostdeutsche Fernsehen nach einer Sendung über das Bernsteinzimmer. Das Ministerium für Staatssicherheit erfährt davon und verarbeitet die Aussage. Der Stasioberst Paul Enke, Chef der Bernsteinsuchertruppe beim MfS, stellt fest, daß Rohde ihr gegenüber gelogen und sie nur kleine Teile des Bernsteinzimmers gesehen hat. In seinem später erschienenen Buch (siehe unten) schreibt Enke:

*"Wir haben uns eingehend mit der Person der Frau Amm befaßt. Ihre Aussage erschien uns glaubwürdig."* An anderer Stelle schließlich: *"Wir haben uns sehr lange mit Frau Amm über ihre Erinnerungen unterhalten, und es gibt keinen Zweifel, daß sie die Erlebnisse jenes Tages im Schloßhof und Schloßkeller richtig wiedergegeben hat."*

Tatsächlich ist weder er noch ein Mitarbeiter je bei Liesl Amm gewesen, jedenfalls nicht vor Erscheinen seines Buches. (1)

Was die "honigartige Masse" betrifft: Ob Rohde ihr nun absichtlich oder versehentlich etwas anderes zeigte, sei dahingestellt. Vielleicht meinte er mit "Alles ist hin" wirklich die sämtlich abgebrannten Schloßgüter, mit Ausnahme des Hauptteils des Bernsteinzimmers. Was Frau Amm sah, waren jedenfalls eher die tatsächlich zerstörten venezianischen Spiegel aus dem Bernsteinzimmer, denn diese dürften wie eine "honigartige Masse" ausgesehen haben.

Sicher ist, daß das Bernsteinzimmer nach diesem Brand, nämlich dem großen Schloßbrand während der Bombardierung Königsbergs im Sommer 1944, noch vorhanden war.

Nachdem die "Freie Welt" 1959 die Geschichte des verschwundenen Bernsteinzimmers veröffentlicht (2) und die Leser auffordert, etwaiges Wissen um Zusammenhänge oder Zeugen zu nennen, meldet sich ein junger Mann bei der Redaktion: Rudi Wyst. Er wisse etwas über das Bernsteinzimmer. Sein Vater, der kurz nach Kriegsende gestorbene Gustav Wyst, sei bei einer Sondereinheit der SS gewesen und habe erwähnt, daß er das Bernsteinzimmer verborgen habe. Die Familie sei zum Ende des Krieges von Königsberg ins Erzgebirge gezogen, der Vater sei erst einige Wochen später nachgekommen. Mehrmals sei er in den letzten Kriegswochen, im Februar und April 1945, für einige Tage verschwunden gewesen; auch habe er zu dieser Zeit Geldanweisungen bekommen, von denen keiner der Familie wußte, woher sie waren. In den ersten Nachkriegswochen seien amerikanische Offiziere bei der Familie aufgetaucht, worauf der Vater nur einige Dokumente vorzeigte, was die fremden Soldaten nach kurzem Gruß wieder abziehen ließ. Auch sei die Familie Wyst alsbald erneut umgezogen, nach Schlema, ohne daß ein Familienmitglied außer dem Vater Wyst gewußt habe, warum eigentlich.

1948 habe er, Rudi, dann im Keller eine versteckte Kartentasche seines Vaters gefunden und nach kurzem Besichtigen verbrannt. Es seien verschiedene Dokumente der SS darin gewesen, ein Stadtplan, wohl von Königsberg, und Papiere mit Funksprüchen. In einem sei vom Bernsteinzimmer die Rede gewesen. Da er sich zu dieser Zeit damals als Kind keine allzu großen Gedanken dazu machte und auch glaubte, daß dieser Kunstschatz längst geborgen sei, ließ er es dabei bewenden.

Die Redakteure der "Freien Welt" veröffentlichten keineswegs die brisante Geschichte, sondern meldeten vielmehr den Behörden den Vorgang, unter anderem wohl auch der sowjetischen Botschaft. Daraufhin wurde Rudi Wyst nach Kaliningrad, dem früheren Königsberg, eingeladen und durfte sich nicht nur in der Stadt umschauen, sondern mußte auch dem KGB Auskunft geben über sein Wissen. Dabei wurden auch die rätselhaften Funksprüche, die er Jahre zuvor auf dem angeschimmelten Papier gelesen hatte, dokumentiert. Sie sollen wie folgt gelautet haben:

*"Befehl an Sturmbannführer Wyst: Voraussichtlich gilt für Königsberg bald Unternehmen Grün. Deshalb haben Sie die Aktion Bernsteinzimmer durchzuführen und es in das Ihnen bekannte BSCH zu bringen... Nach Ausführung der Operation sind Zugänge zu tarnen und Gebäude zu sprengen."*

*"An Transportführer. 30 Kisten Bernsteintafeln und Kisten der Bernsteinsammlung laut Befehl des RSHA übergeben. Unterschrift der Wache. Transport empfangen: Gustav Wyst."*

*"An Reichssicherheitshauptamt. Befehl ausgeführt. Aktion Bernsteinzimmer beendet. Zugänge befehlsmäßig getarnt. Sprengung erfolgt. Opfer durch Feindtätigkeit. Melde mich zurück. Gustav Wyst."*

Während sich die sowjetischen Behörden mit ihrer Suche nach dem Bernsteinzimmer auf Kaliningrad konzentrierten, nutzte die Stasi ihre Erkenntnisse natürlich ihrerseits für das Gebiet der DDR.

So wurde lange gerätselt an "BSCH", gemäß dem Wyst-Funkspruch: Bad Schlema? Der Ort heißt offiziell zwar Schlema, fügte sich aber möglicherweise schon seit den Zwanziger Jahren gelegentlich das "Bad" auf Postkarten etc.

hinzu (Radiumbad Oberschlema). Immerhin war Wyst ja dorthin gezogen, ohne anders erklärbaren Grund. Es gab aber auch etliche andere Möglichkeiten, wie Brauerei Schönbusch (Königsberg) oder Burg Schwarzenberg.

Später entdeckte der Autor Günter Wermusch dann, daß sich mit "BSCH" sich offenbar ein Übersetzungsfehler in das Fahndungsnetz eingesponnen hatte: Es hieß "B III". Die Russen hatten es maschinenschriftlich eingetippt mit dem kyrillischen Buchstaben "Scha", der der römischen Drei (III) recht ähnlich ist. Trotzdem stand "BSCH" immer wieder im Mittelpunkt, wohl weil der MfS – Oberst Enke auf die russischen Aufzeichnungen vertraute, statt Rudi Wyst noch einmal zu fragen. Der erinnert sich nämlich genau an die "III".

Noch von einem anderen vermeintlichen Zeugen wußte man. In polnischer Haft saß bis zu seinem Tod 1986 Erich Koch, der ehemalige Gauleiter Ostpreußens und Reichskommissar der Ukraine. Von ihm glaubte man, er müsse die Zusammenhänge um das verschwundene Bernsteinzimmer wissen: Schließlich war er oberster Befehlshaber des betreffenden Gebietes und außerdem von jeher an Kunstschätzen interessiert. Er hatte sich in den Jahren seiner Nazimacht etliche Kunstwerke zusammengeraubt (die heute als "Kochsche Raubsammlung" bezeichnet werden). So wurde er in der Gefangenschaft immer wieder nach dem Bernsteinzimmer gefragt. Anfangs gab er kund, in den letzten Kriegstagen anderes zu tun gehabt zu haben, als sich um irgendwelche Kisten zu kümmern. Später erzählte er Journalisten, daß das Bernsteinzimmer im Bereich Königsberg vergraben sei. Ausgrabungen nach seinen Angaben erwiesen sich jedoch als erfolglos.

Immer wieder auf das Thema angesprochen, fiel ihm schließlich ein, daß der Schatz in den letzten Kriegstagen auf ein deutsches Schiff verladen worden sei. Noch einmal ein paar Jahre später versteifte er sich zu der Aussage, wer seine Sammlung finde, werde auch das Bernsteinzimmer finden. Schließlich bot er gar an, das Versteck (in Königsberg) zu zeigen, wenn man ihn vorher ein klitzekleines bißchen nach Deutschland ließe...

(Vergleiche Enke, 87, Wermusch, 92, und "Sphinx. Geheimnisse der Geschichte", Filmreihe ZDF, 94.)

Im Nachhinein läßt sich die Motivation Kochs leicht ableiten. Gegenwärtig aber hieß jede Aussage ein neuer Tip, mangels anderer Hinweise. So wurde nach deutschen Schiffen geforscht, die zur angegebenen Zeit ostpreußische Häfen verließen, ebenso Archive durchforstet in Weimar, wo tatsächlich Teile der Kochschen Raubsammlung nach dem Kriege aufgetaucht waren.

In der alten Bundesrepublik forschte jahrzehntelang ein Mann namens Georg Stein nach dem Bernsteinzimmer. Er vermutete es jahrelang in einem Bergwerk unweit Göttingens, dem "Schacht Wittekind" (der im übrigen angeblich "B Schacht" genannt wurde). Er veröffentlichte seine Erkenntnisse jeweils in der Hamburger Wochenzeitung "Die Zeit", zusammen mit deren Autor Karl–Heinz Janßen. Unter anderem soll er finanziell unterstützt worden sein von dem Liechtensteiner Baron von Falz–Fein, einem gebürtigen Ukrainer. Dieser habe schon öfters russische Kunstschätze aufgekauft und seiner Heimat zurückgegeben und setze sich jeher für die Suche nach dem Bernsteinzimmer ein, berichtet die Presse immer wieder.

Georg Stein jedenfalls hatte seine Theorie vom Schacht bei Göttingen Mitte der achtziger Jahre aufgegeben und verfolgte eine neue Spur, die in die DDR führte. (Es gab schon länger Kontakt zu Enke.) Gleichzeitig sprach er im Zusammenhang mit dieser Spur von den "Erben des Hauses Romanoff" (genauer gesprochen: Angehörigen des deutschen Hochadels), also der ehemaligen Zarenfamilie, als den Verursachern der Verbringung des Bernsteinzimmers. Mit einiger Wahrscheinlichkeit hat er dabei die Wahrheit deutlicher getroffen als je zuvor. Kurz nach diesen Äußerungen war er jedenfalls tot – laut der Polizei Selbstmord. Er wurde 1987 in einem bayrischen Wald halbnackt aufgefunden, die Brille auf dem Gesicht zerdrückt, übersät mit Messerstichen. Motiv für den vermeintlichen Selbstmord: der verschuldete Schatzsucher habe eine heiße Spur vortäuschen wollen... (Spätere Versuche von Journalisten, den Fall zu rekonstruieren, scheiterten an den medizinischen und polizeilichen Akten: sie sind verschwunden.)

Paul Enke als Chef der Stasi–Suchtruppe (er starb ebenfalls 1987) veröffentlichte seine gesammelten Erkenntnisse in seinem letzten Lebensjahr in einem Buch. Eine der Kernaussagen darin ist, daß das Bernsteinzimmer in Reinhardsbrunn gewesen ist, aber dann noch weggeschafft wurde, im allerletzten Moment vor der Besetzung durch die amerikanische Armee – ebenso wie die nicht aufgefundenen Teile der "Kochschen Raubsammlung" aus Weimar. Sowohl an diesen beiden Orten abgegeben als auch wieder abgeholt hätten die Sachen Gustav Wyst und Albert Popp. Popp als Standartenführer des Nationalsozialistischen Fliegerkorps Sachsen und Wyst als der erwähnte SS–Sturmbannführer.

Unter einigen anderen möglichen Spuren favorisiert Enke als letzten Verbringungsort den Raum Aue. *"Einiges spricht dafür, daß im Westerzgebirge – Vogtland Ringel* (Pseudonym für Wyst – T.M.) *und Popp gemeinsam sowohl die Kochsche Raubsammlung als auch das Bernsteinzimmer aus dem Katharinen–Palais in Puschkin in einer speziellen Operation verborgen haben."* Den genauen Ort weiß er natürlich nicht, spricht aber von einem Wald oberhalb der Bahnlinie von Aue nach Karlsbad.

Das Buch Enkes ist der letzte Meilenstein vor Beginn des Untersuchungszeitraums dieses Buchs.

Was noch wichtig ist zu wissen: das Bernsteinzimmer wird seit 1981 in Puschkin rekonstruiert. Die Arbeit geht sehr langsam voran, da es vor allem an Geld mangelt. An baltischem Bernstein wohl nicht, denn der wird immer noch recht ergiebig an der samländischen Küste vor Königsberg ausgebaggert, wenn auch der Anteil, der für Bernsteinschmuck genutzt werden kann, nicht sehr groß ist.

Derzeit, 1998, sind höchstens zwei Drittel des kompletten ehemaligen Bernsteinzimmers fertiggestellt.

## Zur Untersuchung der Medien – das Kapitel für Profis

oder: Was wurde ausgewertet und wie ?

Um den Hintergründen auf die Spur zu kommen, warum sich das Thema "Bernsteinzimmer" insbesondere nach der Wende im Osten zu neuen Höhen aufschwang, wurden die Berichte verschiedener Medien dazu ausgewertet. Medien, die man als repräsentativ für die gesamte Presselandschaft in Deutschland annehmen kann: überregionale Fernsehsender, ebensolche Zeitungen, lokale und regionale Fernsehsender und regionale Zeitungen, Bücher und zwei Nachrichtenmagazine. Als sozusagen "runder" Zeitraum wurden für die wissenschaftliche Arbeit zunächst die Jahre 1990 bis 1995 festgelegt, jeweils vom 1. Januar bis 31. Dezember, später wurde der Zeitraum bis 1997 für diese Publikation einbezogen.

**Die ausgesuchten Medien im einzelnen:**

*Überregionale Sender öffentlich – rechtlich*

ARD

ZDF

*überregionale Sender privat*

RTL

SAT.1

PRO 7

*regionale Sender*

MDR

*überregionale Zeitungen täglich*

Frankfurter Allgemeine Zeitung

Die Welt

*überregionale Zeitung wöchentlich*

Die Zeit

*regionale Zeitungen*

Thüringer Allgemeine Zeitung

Thüringische Landeszeitung

*Nachrichtenmagazine*

Der Spiegel

Focus

*Bücher*

"Die Bernsteinzimmer – Saga", 1991

"Rätsel Jonastal" 1992

"Die neue Spur des Bernsteinzimmers", 1994

"Sphinx. Geheimnisse der Geschichte", 1994

"Bernsteinzimmer – Komplott. Die Enttarnung eines Mythos", 1997

*Weiteres:* Meldungen der "Deutschen Presseagentur" (DPA)

## Anmerkungen zur Auswahl und Auswertung

### Fernsehen

Ausgewählt und ausgewertet wurden die zwei überregionalen öffentlich – rechtlichen Sender ARD und ZDF sowie die drei im Durchschnitt des Untersuchungszeitraumes reichweiten stärksten Privatsender RTL, SAT.1 und PRO 7. Eingegangen in die Bewertung sind dabei aber lediglich Sondersendungen zum Thema, also Berichte, Reportagen, Magazine und Filme. Tägliche Nachrichtenmeldungen wurden nicht bewertet – aus einfachen Gründen: Das hätte die Überschaubarkeit zerstört, wäre inhaltlich überflüssig gewesen (Nachrichten können nur wenig als Anstoß zu weiteren Geschehnissen dienen), und hätte schlicht den Rahmen gesprengt. Überdies sind die dazu erforderlichen Daten kaum zu erhalten.

RTL und PRO 7 haben im Untersuchungszeitraum keine Meldungen gebracht ("Meldungen" hier wie im Folgenden als

Oberbegriff für die Auswertung Relevantes – siehe oben), laut eigenen Angaben.

Der MDR wurde als Regionalsender der ARD vor Ort mit aufgenommen, da viele Spuren des Bernsteinzimmers nach Thüringen und Sachsen führten.

Im Rahmen der Recherche fielen auch die Daten von weiteren Dritten Programmen (Regionalsender) an – diese wurden inhaltlich mit verwertet, wo sie eine Rolle spielten.

Die Veröffentlichungsdaten der Sender wurden aufgrund deren eigener Archivangaben erfaßt. Bis auf einige Ausnahmen bei wichtigeren, längeren Beiträgen beziehen sich die Kommentare im Kapitel "Die Themenkarriere" auf die Kurzbeschreibungen der Archivtexte. Die Sichtung aller Beiträge war aus organisatorischen und technischen Gründen unmöglich.

## Anmerkungen zur Auswahl und Auswertung

### Zeitungen

Ursprünglich in die Auswahl mit einbezogen war neben der "Frankfurter Allgemeinen Zeitung" (FAZ) und "Die Welt" auch die "Süddeutsche Zeitung" (SZ). Aus inhaltlichen und organisatorischen Gründen wurde die "SZ" aber weggelassen zugunsten der Wochenzeitung "Die Zeit". Einerseits wird damit der Bereich der Wochenzeitungen mit ihren wahrscheinlich tiefergehenden Meldungen abgedeckt, zum anderen spielt gerade "Die Zeit" eine wichtige Rolle im Geschehen der Suche nach dem Bernsteinzimmer.

Die beiden Thüringer Zeitungen "Thüringer Allgemeine" (TA) und "Thüringische Landeszeitung" (TLZ) wurden mit einbezogen, weil sie mit ihren Redaktionen in Erfurt und Weimar ebenfalls "vor Ort" sitzen. Sie sind zugleich die auflagenstärksten Blätter in Thüringen.

Im Gegensatz zum Fernsehen werden bei den Zeitungen alle Meldungen betrachtet, also auch reguläre Nachrichten. Abgesehen davon, daß sie als gedruckte Waren langlebiger (und leichter zugänglich) sind, spiegeln sie auch ausreichend die aktuelle Lage der jeweiligen Zeit wider. Dank ihrer Dauerhaftigkeit sind sie in jedem Fall auch oft die ersten Quellen für spätere Autoren, wie sich mehrfach beweist.

Die Veröffentlichungsdaten der Zeitungen wurden aufgrund ihrer Archivangaben erfaßt. In den Fällen der TA wurden sie ergänzt durch einen Weimarer Privatforscher. Bei der TLZ wurden sie ausschließlich anhand dessen Unterlagen zusammengestellt – erweitert durch direkte Nachforschung in den relevanten Zeiträumen –, da die TLZ derzeit kein funktionsfähiges Hausarchiv besitzt...

## Anmerkungen zur Auswahl und Auswertung

### Bücher

Schwierig war die Auswahl der mit in die Untersuchung eingehenden Bücher. Sollten nur Bücher Verwendung finden, die das Wort "Bernsteinzimmer" im Titel tragen? Damit würde dem Roman "Das Bernsteinzimmer" von Heinz Konsalik z.B. eine wichtige Bedeutung zukommen, dem inhaltlich relevanten Begleitbuch zur ZDF–Serie "Sphinx. Geheimnisse der Geschichte" aber keine.

So flossen letztlich in die Übersichtsauswertung und deren grafische Darstellung alle Bücher ein, die sich alleinig mit dem Bernsteinzimmer befassen, laut Titel und Schlagwort. Dazugenommen wurde das Buch "Rätsel Jonastal", weil der Begriff "Jonastal" kurz zuvor so eng verknüpft war mit dem Bernsteinzimmer und ein Einfluß des Buches angenommen werden mußte.

In der kommentierten Auswertung spielen alle Bücher eine Rolle, die sich auch nur zu einem Teil mit dem Bernsteinzimmer befassen, also beispielsweise mit einem Kapitel. Die Sinnhaftigkeit dieses Vorgehens zeigt sich an der Auswertung.

Wenn die Bücher in mehreren Auflagen erschienen, wurde jeweils die letzte betrachtet.

## Anmerkungen zur Auswahl und Auswertung

### Presseagentur

Die Meldungen von DPA sollten anfänglich nur begleitend erwähnt sein. Sie sind aber offensichtlich die wichtigste Quelle für Zeitungen und Zeitschriften, so daß sie in der Auswertung eine zentrale Rolle spielen. Sie stellen in ihrer Gesamtheit das quantitativ weitaus meiste Material dar im Untersuchungszeitraum und bilden einen "roten Faden" durch die vielen Veröffentlichungen. Dementsprechend geht die kommentierte Auswertung vor allem von den DPA–Meldungen aus.

Im Einzelfall wurden auch Meldungen des "Allgemeinen Deutschen Nachrichtendienstes" (ADN) verwendet.

# Die Themenkarriere der Legenden–Ente

## oder: Wer von wem abschreibt

### Peterchen Diestels Mondfahrt – 1990

Im Jahr 1990, dem ersten Jahr im Untersuchungszeitraum, geschieht wenig – bezogen auf Veröffentlichungen zum Thema Bernsteinzimmer. Es ist das Jahr des Beitritts der DDR zur BRD. Ein Jahr, in dem noch nach dem Bernsteinzimmer gesucht wird im Gegensatz zu den folgenden, wo man sich eher auf Publikationen dazu beschränkt. Es sucht noch die Stasi, jetzt "Amt für Nationale Sicherheit" genannt. Letzter Akteneintrag: 12.9.1990 (Focus, S. 68, Nr.9/94). Im August dieses Jahres muß sie sich eines Schatzes halbwegs sicher gewesen sein oder wollte einmal positiv auf sich aufmerksam machen: Innenminister Peter Diestel verkündet, daß in einem von seinem Ministerium entdeckten Versteck möglicherweise ein Teil der Kunstsammlung Kochs lagere.

Von der ostdeutschen Nachrichtenagentur ADN ("Allgemeiner Deutscher Nachrichtendienst") geht diese Meldung zu DPA, die sie ihrerseits zusammen mit einer Nachricht des "Hamburger Abendblatts" dazu verbreitet. Laut diesem Abendblatt habe der Minister von einem Rittergut gesprochen, und davon, daß sich nicht mehr ausschließen lasse, *"daß dort auch das Bernsteinzimmer zu finden ist"*. (DPA–Meldung, August '90)

Die "Welt" bringt einen Bericht zu der "Abendblatt"–Story, allerdings nach AP (Nachrichtenagentur "Associatet Press"). Hier ist schon davon die Rede, daß man bereits auf Kunstschätze gestoßen sei – Zitat Diestel. So am Anfang des Artikels. Am Ende des Artikels jedoch *"erhärtet sich der Verdacht, daß die Kostbarkeiten einbetoniert seien"*. Im übrigen ist von Stahlkisten die Rede, die Koch wahrscheinlich bei seiner Flucht 1945 unter dem Keller des Rittergutes vergraben habe.

Sowohl in der AP–Meldung, als auch in jener von DPA wird also Koch als Verantwortlicher für das Verschwinden des Bernsteinzimmers genannt sowie weiteres Gleichlautendes über ihn berichtet: das geht auf also ADN zurück.

Wodurch sich diese wahrscheinlich falsche Annahme etabliert hat, kann nicht exakt ausgemacht werden – vielleicht durch das 1986 erschienene Buch "Der Bernsteinzimmer–Report" von Paul Enke, dem Stasioffizier. Vielleicht aber auch durch den 2 Jahre zuvor erschienenen Bericht der Hamburger Wochenzeitung "Die Zeit", die Koch als Mann bezeichnet, der "Bescheid" wußte ("Die Zeit", 16.11., S.18 (Dossier). Daß Koch "Bescheid" wußte, ist mit hoher Wahrscheinlichkeit nicht der Fall – siehe "Bekanntes und Bekenntnisse ..." und folgende Absätze – setzt sich aber fort durch fast alle weiteren Veröffentlichungen.

"Die Zeit" spricht übrigens später, im September 1991, von "durchschlagendem Publicity–Erfolg" der Meldung Diestels. Obwohl keine der untersuchten Medien dazu etwas bringt.

Anlaß für die Veröffentlichung der "Zeit" scheint eine Anfrage eines Abgeordneten im Bundestag gewesen zu sein, die sich mit der Haltung der Bundesregierung zur Suche und den Spuren im "Schacht Wittekind" bei Volpriehausen befaßte. Initiator war Georg Stein.

Im November 1990 wird dann ein wichtiger Grundstein für das weitere bernsteinschillernde Mediengebäude gelegt: die ARD sendet einen achtminütigen Beitrag über das Bernsteinzimmer, sein Abhandenkommen im Zweiten Weltkrieg, die Suche und die Rekonstruktion. Wenige Tage später, im Dezember, verbreitet der Norddeutsche Rundfunk auf "N3" einen 76minütigen Film des gleichen Autors und Produzenten. Dies ist Maurice Philip Remy, der schon einige Monate nach dem Bernsteinzimmer fahndet und dabei unterstützt wird von Baron Falz–Fein. In diesem Film wird die oben angeführte Theorie von Kochs Ahnungslosigkeit dargestellt. Darüber hinaus geht es um die verschiedenen Zeugenaussagen der Amm und Henkensiefkens, die letztlich als irrelevant enttarnt werden: Nach dem Brand im Sommer 1944 war das

Bernsteinzimmer noch im Schloß vorhanden, wie unter andrem ein Brief Rohdes an seine vorgesetzte Stelle beweist.

Am Schluß des Films wird aber ziemlich eindeutig festgehalten, daß das Bernsteinzimmer verbrannt sei. Hauptargument: das plötzlich bei den Recherchen aufgetauchte Tagebuch des russischen Kunstschutzoffiziers Brjussow. Darin beschreibt jener, daß er verkohlte Reste des Bernsteinzimmers gesehen habe in dem Saal, in dem das verpackte Kunstwerk nach Angaben des Schloßdirektors Rohde zuletzt gestanden hätte. Schließlich wird der von Brjussow angeblich geschriebene Abschlußbericht gezeigt, in dem er die wahrscheinliche Vernichtung bestätigt. (In diesem ist allerdings nur vom "großen Feuer" die Rede, das die Vernichtung wahrscheinlich herbeigeführt habe: damit kann auch der Bombenangriff im Sommer 1944 gemeint sein.) Gleichzeitig wird zur Untermauerung dieser These die neue Aussage des damaligen Schloßverwalters des Katharinenpalais, Kutschumov, herangezogen, der Reste der Steinmosaike aus dem Bernsteinzimmer gefunden haben will – ein Jahr nach Kriegsende im Schutt des noch immer zerstörten Saales im Schloß. (Dem Saal, den ein Jahr zuvor schon Brjussow durchforstet hatte.) Mehr ertastet als gesehen habe er im Dunkeln die Bilder. Noch 1989 hatte er allerdings gesagt, daß die Steinmosaiken von den Bernsteinpaneelen getrennt gelagert gewesen seien (DPA, Mai 97).

Insgesamt muß vielleicht überhaupt an der Wahrhaftigkeit und ursprünglichen Existenz des ganzen Tagebuchs gezweifelt werden. Etliche der relevanten Fakten sind exakt 180 Grad verdreht zu den offiziellen und bekannten Aussagen und Taten dieses Brjussow. Warum ist es ein sachlich geschriebenes Werk im Erzählstil für Dritte, wo es doch nicht etwa Lebenserinnerungen darstellen, sondern ein aktuelles Notizbuch aus jener Zeit verkörpern soll? Warum sucht der Autor eigentlich im Schutt und bastelt sich aus vagen Indizien die Verbrennungstheorie zusammen, ohne die naheliegende (!) Überlegung zu erwägen, daß der überaus wertvolle Schatz natürlich abtransportiert worden sein könnte?

Einige Jahre nach dem Krieg hatte dieser Offizier, Brjussow, unter dem Namen Barssow bekanntgegeben, er hätte von der Anwesenheit des Bernsteinzimmers in Königsberg gar nichts gewußt und Rohde darum auch nicht danach gefragt. Darum sei auch zunächst nicht danach gesucht worden. Schließlich sei Rohde umgekommen, wahrscheinlich von Deutschen vergiftet worden. Sein Grab sei nicht bekannt. (Freie Welt, S.10, Heft 10, 1959)

Ein anderer, Valentin Falin, behauptet später in einem Interview (Sphinx. Geheimnisse der Geschichte, ZDF, 11.12.94), Rohde läge lediglich nicht in seinem Grab. Immerhin muß es also gefunden worden sein...

Man sieht bereits, welche Rolle hier Merkwürdigkeiten spielen. Sie müssen nichts miteinander zu tun haben, ihre bloße Existenz reicht aus für allerhand Medienspekulationen.


## Jahrmarkt der Sensationen – 1991

Im Februar bringt DPA eine Meldung nach einem Bericht in der "Wochenpost". Dort hat man offensichtlich den im November ausgestrahlten Film von Remy gesehen und dazu einen Beitrag erarbeitet. Das Wesentliche ist wiederum der Fund des Tagesbuchs des Brjussow. Dieser hatte, wie gesagt, nach dem Kriege selbst an Suchaktionen in und um Königsberg teilgenommen und man nahm seine Aufzeichnungen in diesem bewußten Tagebuch beim russischen Geheimdienst später zu keiner Zeit ernst (Sphinx. Rätsel der Geschichte, ZDF, 10.5.94).

So kommt jetzt also dieser Fund endgültig in die Printmedien, wenn nicht schon vorher. In dieser DPA–Meldung ist von 130 vermuteten Verstecken die Rede, "Höhlen, Ruinen und Schloßkeller": diese Zahl hat die "Wochenpost" mit Sicherheit aus dem schon genannten "Dossier" der 1984 erschienenen Ausgabe der "Zeit", wo allerdings noch von "130 Klüften, Höhlen und Burgruinen" die Rede war. Auch diese Zahl zieht sich als roter Faden durch die künftigen Jahre.

Im übrigen ist in dieser DPA–Meldung das erste Mal im Untersuchungszeitraum die Rede vom "legendären" Bernsteinzimmer. Die geht wahrscheinlich auf den Remy–Film zurück, dessen Untertitel lautete: "Ende einer Legende".

1989 war der Begriff vom "legendären" Bernsteinzimmer auch schon bei Cay Friemuth aufgetaucht.

Im August 1991 verbreitet DPA eine Meldung einer sowjetischen Nachrichtenagentur, wonach der Deutsche Heinz Schön das Bernsteinzimmer auf dem Grund der Ostsee vermutet, in den Laderäumen der "Wilhelm Gustloff". Der ehemalige Zahlmeister–Anwärter erinnerte sich, daß Kisten an Bord gebracht worden seien.

*"Proviant, glaubte ich zunächst, aber dafür waren die Kisten viel zu schwer. Später haben wir es nicht für ausgeschlossen gehalten, daß da das Bernsteinzimmer drin war."*

Eine recht dürftige Aussage; es waren bestimmt nicht die einzigen Kisten, die gegen Kriegsende verladen worden sind! Überdies ist Bernstein leicht, bestimmt leichter als Proviant. Ein anderer Zeuge glaubte einmal wegen der Leichtigkeit von Kisten an ihren bernsteinigen Inhalt (Iwanov, S. 253f).

Gleichzeitig ist in der DPA–Meldung noch von "erhöhtem Interesse polnischer und britischer Schatzsucher" an der "Gustloff" die Rede, womit deren "Geheimnis" belegt wird. Tatsächlich getaucht nach der "Gustloff" hatten 1973 polnische Taucher, nach der (zweifelhaften) Aussage Kochs in seinem polnischen Gefängnis Barczewo (Enke, 86, S. 103). Dessen Aussage zufolge aber war das Bernsteinzimmer keineswegs auf die "Gustloff" gebracht worden, wie Enke behauptet (ebenda, S. 102), sondern "auf ein deutsches Schiff" (Wermusch, 92, S.38). Bestätigt wird dies auch in dem Remy–Film (90), möglicherweise hat sie Wermusch daher.

Diese "Gustloff"–Variante hält sich weiter. So suchten auch einige Taucher auf der Rostruine im Auftrag des ZDF, in Vorbereitung eines Films. Ob Heinz Schön, der in diesem (später näher betrachteten) Film interviewt wird, dadurch in die Medienaufmerksamkeit gelangt – die DPA–Meldung – oder durch diese an das ZDF–Team, sei dahingestellt. Jedenfalls richtet sich dadurch das öffentliche Interesse mehrmals in Folge auf die "Gustloff", ohne ersichtlichen Grund.

Im übrigen wird dieser Heinz Schön am Ende des ZDF-Films noch einmal in den Mittelpunkt gestellt – hier mit der neuen Vermutung, das Bernsteinzimmer sei in einem ostpreußischen Moor versenkt worden...

Im September 1991 geschehen noch weitere wichtige Dinge, die für den bevorstehenden Medienrummel um das Bernsteinzimmer wichtige Auslöser darstellen: In Berlin werden im Rahmen einer russischen Ausstellung einige verbliebene, winzige Reste des originalen "legendären" Bernsteinzimmers gezeigt. (DPA–Meldung)

Gleichzeitig veröffentlicht Günther Wermusch sein Buch "Die Bernsteinzimmer–Saga", einen spannenden Report, der die Geschichte des Kunstwerkes und der gesamten bisherigen Suche nachvollzieht. Es ist die erste umfassende Dokumentation im Untersuchungszeitraum, ebenso wie in der Bundesrepublik überhaupt.

Doch sie birgt einige Unklarheiten und Falschaussagen, die sich wiederum fortsetzen. Wermusch berichtigt die Enke–Aussage, nach der das Bernsteinzimmer in Reinhardsbrunn gewesen sein muß – man hatte Bernsteinstücke gefunden. Nach Wermusch ginge dies aber allein auf die später in Reinhardsbrunn gefundene Danziger Inklusensammlung zurück, also die Kollektion der Bernsteinstücke mit Insekteneinschlüssen; eine Sammlung, die 1951 an das Gothaer Museum für Natur übergeben wurde.

*"... die flachen Bernsteinscheiben, von denen die Zeitzeugen übereinstimmend berichten, können nicht Teil der Insektensammlung sein,. Die Stücke mit den Einschlüssen sind sämtlich tropfenförmig oder eckig..."* (TA, 5.6.97)

Nun muß auch die Meldung der Zeitung nicht der Wahrheit letzten Schluß darstellen; etwas vorsichtigere Berichterstattung wäre aber im Buch angeraten gewesen.

Das Buch wird nachfolgend rezensiert von der "Zeit". Hier ist auch wieder die Rede von *"rund 130 Stollen, Seen, Klüfte(n), Schloßverliese(n) und Gutskeller(n)"*, die im Laufe der Jahre in der DDR durchsucht worden seien. In der schlimmeren Variante hatte der "Zeit"–Jounalist Janßen die "130" aus Wermuschs Buch und vergessen, daß er dies selber schon 7 Jahre zuvor geschrieben hatte – und sah sich nun bestätigt! (Obwohl somit Wermusch ihn kopiert hatte.) In der besseren Variante wiederholte er sich selbst; dann allerdings müßte er sich fragen, ob die Stasi die letzten 6 Jahre geschlafen hatte.

(Nebenbei eine bedeutende Anmerkung zum "Zeit"–Artikel von 1984: In diesem erwähnt der Autor Janßen den Kunstschutzoffizier Brjussow selbstverständlich unter dessen damaligen Pseudonym Barssow mit seiner Story vom Nichtwissen um das Bernsteinzimmer – ganz den Erkenntnissen der "Zeit" von 1984 gemäß. Dessen Mutmaßung über den gewaltsamen Tod des Schloßdirektors Rohde läßt Janßen jedoch unerwähnt: seiner Meinung nach ist Rohde an Hungertyphus gestorben. Diese Erkenntnis, falls richtig, bringt aber erst die Recherche Remys 1990 und sein Film (siehe oben), wobei das fragwürdige Tagebuch entscheidend ist.

Hatte Janßen etwas frei erfunden, was ihm genehm war? Vielleicht aber wußte er auch etwas, das er nicht veröffentlichte, was ihn als aufrichtigen Berichterstatter im Nachhinein unglaubwürdig macht.

Ansonsten schreibt er noch von "250 Millionen Mark", die das Zimmer nach heutiger Schätzung wert sei – damit ist es in den 7 Jahren glatt fünfmal so teuer geworden, denn 1984 war noch von 50 Millionen die Rede.

Eine sichere Falschaussage Wermuschs ist in dessen Beschreibung der Geschichte Wysts enthalten. Auf Seite 55 steht: *"Mit Rudi war Wyst jun. gemeint, der erst im Herbst 1987 bereit war, sein Inkognito aufzugeben, als Enke plante, das Szenarium für einen Fernsehfilm zu schreiben."*

Dazu teilte Rudi Wyst selbst mit, das er nie um ein Pseudonym gebeten hatte; die Stasi hatte es sich für ihn 1959 ausgedacht (3).

Weitere Details in Wermuschs Buch: Der Autor spricht von 25 Kisten (S. 91), in denen das Bernsteinzimmer aus Puschkin in Richtung Königsberg abtransportiert worden sei. Diese

Zahl kann man sich merken, aber auch getrost vergessen: Bei Enke sind es 27 Kisten (86, S.57), bei Jakob Kurz 24 (89, S.313), bei Lynn H. Nicholas 29 (95, S.256). Zu der Anzahl von Kisten ab Königsberg, also den derzeit verschwundenen, gibt es noch erfrischendere Angaben: bei Wermusch sind es 25–30 (S.35), bei Nicholas wieder 29 (S.474), nach dem Kronzeugen Wyst 30 (Remdt, S.92), bei Iwanov gar 80 (S.98). Und jeder schreibt es mit der gleichen Sicherheit, als hätte er eben die Kisten durchgezählt.

In der vergänglicheren Presse gipfeln diese Angaben in nicht mehr ernstzunehmender Zahlengaukelei. In der schon erwähnten DPA–Meldung vom August 1990 ist von 27 "Stahl–"Kisten die Rede, im November 1991 unter Bezug auf eine Aussage des damaligen Direktors der Kunstsammlungen in Königsberg, Alfred Rohde, von "25 bis 39 Kisten". Kurz darauf vervielfachen sie sich auf wunderbare 80 Exemplare bei DPA. Im Dezember desselben Jahres wird ein ehemaliger Augenzeuge des Abtransportes zum Inhalt einer Meldung gemacht, in der dann 20 "Bernsteinkisten" vermerkt werden; 40 Kisten sind es im September 1992 und in einem von der Nachrichtenagentur dokumentierten Aprilscherz 1996 bescheidene 18.

Das Wermusch–Buch jedenfalls ist ein zentraler Auslöser der Themenkarriere Bernsteinzimmer im Untersuchungszeitraum. Es ruft nicht nur eine DPA–Meldung hervor und einige damit zusammenhängende Berichte in der "Zeit", der FAZ und anderen Blättern. Es spiegelt sich inhaltlich in allem folgenden, meist bedeutsam. In der sich darauf beziehenden DPA–Meldung, die auch Hinweise einer russischen Zeitung vermeldet, wird sinnigerweise von der "131. Spur" gesprochen.

Mitte Oktober 1991 sendet das ZDF den erwähnten Film unter dem Titel "Das letzte Führerhauptquartier", womit das Jonastal nahe dem thüringischen Arnstadt gemeint ist. In dem Film geht es auch um das Bernsteinzimmer, in einer dem Fernsehen eigenen mystifizierenden Inszenierung des Themas. Prompt gerät das malerische Tal in die sensationslüsternen Augen der Öffenlichkeit, was sich allein an den folgenden DPA–Meldungen · erkennen läßt. Ohne jedwede Neuigkeit, im Sinne von noch nicht Bekanntem, bringt die Nachrichtenagentur 3 Meldungen, die sich jeweils auf das Jonastal beziehen und immer wieder Gerüchte gemäß dem ZDF–Film aufwärmen.

Hinreichender Beweis für den Zusammenhang der DPA–Meldungen und dem ZDF–Film ist der in beiden Fällen auftauchende Zusammenhang zwischen dem "Projekt Olga" (das Führerhauptquartier) und dem Bernsteinzimmer. Ein Zusammenhang, der öffentlich zum ersten Mal in dem Film so vermutet wurde.

Im Oktober erscheint auch das Buch "Von Kaliningrad nach Königsberg" auf dem deutschen Buchmarkt. Es ist eine Übersetzung aus dem Russischen und beinhaltet die Auseinandersetzung einiger russischer Bernsteinzimmer–Sucher mit dem Archivmaterial des 1987 gestorbenen (wordenen) Hobbyforschers Georg Stein, der das Bernsteinzimmer ebenfalls suchte. Daß das Buch kaum öffentliche Beachtung findet, dürfte an der nicht vorhandenen Gliederung und dem wüsten Schreibstil (Übersetzung?) liegen.

Unterdessen – Anfang November – bringt die Moskauer Zeitung "Rabotschaja Tribuna" eine Serie zum Thema Bernsteinzimmer. Fazit der bis zu DPA vordringenden Erkennnisse: das Bernsteinzimmer ist im Jonastal! Wie der Ilmenauer Autor und Jonastalforscher Günter Remdt später analysiert (S.92), hatte der Moskauer Journalist gerade eine Westeuropareise hinter sich gebracht und mit einiger Sicherheit seine Erkenntnisse aus dem ZDF–Film sowie dem Wermusch–Buch bezogen. (Zum Schreiben der Artikel war er vielleicht auch veranlaßt durch die Originalausgabe des Buchs "Von Kaliningrad bis Königsberg".)

Damit scheint nun die Jonastal–Theorie mit dem bewußten Zusammenhang von dritter Seite bestätigt, zumal, wenn sie von so weit her kommt. Daß in der russischen Zeitung unter anderem russische Geheimdienste als Quellen angegeben und diese in Deutschland sodann alleinig wichtig genommen werden, wundert nicht. Im übrigen wissen russische Behörden an den entsprechenden Standorten in Deutschland (Armeegebiete, unter anderem das ans Jonastal angrenzende) nichts von solchen Theorien, wie sich auf Anfrage deutscher Journalisten ergibt.

Wichtiges Detail im beginnenen Verwirrspiel um das Bernsteinzimmer: In einer Folge der "Rabotschaja Tribuna" lautet die Überschrift "Bernsteinzimmer gefunden". Das fehlende Fragezeichen soll in der Setzerei versehentlich weggelassen worden sein ("Spiegel", 2.12.1991). Dieser kleine Fehler setzt zunächst die ganze Medienwelt in Aufruhr und ist möglicherweise mitverantwortlich für den folgenden größeren Fehler, den Ausspruch Boris Jelzins im November 1991.

Am 22. November gibt Boris Jelzin bei seinem Deutschlandbesuch dem Auswärtigen Ausschuß in Bonn bekannt, daß er wisse, wo sich das Bernsteinzimmer befinde. Er läßt zwar durchblicken, daß es auf deutschem Boden lagere, will aber keine Einzelheiten preisgeben.

Das kann er sicherlich auch gar nicht, denn er hat seine Informationen mit größter Wahrscheinlichkeit eben aus der Tage zuvor erschienenen "Rabotschaja Tribuna" mit deren verhängnisvollem Titel ("Spiegel", ebenda). Beweisen läßt sich das zwar nicht, aber die zeitliche Abfolge läßt doch darauf schließen.

Die drei (!) anderen Herkunftsvermutungen zu dem Wissen von Jelzin: Valentin Falin, langjähriger Sicherheitsberater von Gorbatschow und nun freier Publizist in Deutschland, will selbst die Informationen über den angeblichen Fund des Bernsteinzimmers auf einem Gelände der russischen Streitkräfte in Ostdeutschland bekommen haben, besser gesagt, will sie bekommen haben sollen. Schließlich seien sie aber in dem Umsturztrubel dieser Tage betreffs der russischen Regierung an Jelzin gelangt. ("Sphinx. Geheimnisse der Geschichte" – Buch zum Film –, 1994, S.270)

Die dritte Variante: Jelzin meinte Weimar und hatte seine Hinweise von Baron Falz–Fein, dem Liechtensteiner Adligen ukrainischer Herkunft. Dieser habe mit Jelzins Hilfe die Suche in Weimar ankurbeln wollen, die mit Falz–Fein bekannte Bernsteinzimmer – Forscher für erfolgreich hielten. Bei diesen Forschern handelt es sich um den Weimarer Hans Stadelmann und den Leipziger Schriftsteller Wolfgang Schneider. Sie hatten schon etliche Monate Indizien zusammengetragen und an die Weimarer Lokalpresse gegeben, nach denen das Bernsteinzimmer mit Sicherheit unter dem ehemaligen Gauforum in der Klassikerstadt lagere. Diese Möglichkeit, die Schneider darstellt, ist deshalb unwahrscheinlich, weil Falz – Fein selbst im November das Wissen Jelzins kommentiert und in Frage stellt; seiner Aussage DPA gegenüber hat Jelzin sein Wissen von russischen Militärs in Ostdeutschland, die "elf große Kisten" in einem Bunker bei Potsdam gefunden, aber nicht geöffnet hätten.

Die vierte Variante: Jelzin hatte tatsächlich Informationen von einem russischen Geheimdienst oder Militärangehörigen, und meinte weder den Truppenübungsplatz Ohrdruf (Jonastal), noch die in diesem Zusammenhang vermutete Gegend bei Berlin (Wünsdorf), wo ebenfalls russische Truppen stationiert waren. Seine Information hätte sich dann auf das Uranabbaugebiet der ehemals sowjetisch – deutschen Aktiengesellschaft "Wismut" bei Aue bezogen, und wäre, nebenbei bemerkt, damit völlig richtig gewesen, siehe letztes Kapitel.

Diese im Nachhinein getroffenen verschiedenen Aussagen Beteiligter zum Jelzinschen Wissen verdeutlichen das gesamte Bernsteinzimmer – Phänomen: Die Geltungssucht, der Darstellungsdrang einzelner am Geschehen Beteiligter oder nicht Beteiligter. Es äußert sich in zweifelhaften Zeugenaussagen, Publikationen, Gerüchteverbreitung.

Woher Jelzin seine (vermeintlichen) Erkenntnisse auch hatte – sie explodierten jedenfalls wie eine Bombe in der Medienwelt, die ohnehin schon aufgeheizt war. Mit der Aussage schienen die Schlagzeilen der "Rabotschaja Tribuna" bestätigt, zumal das Jonastal so schön in den Jelzinspruch paßte. Die wahrscheinlich zweite nachrichtliche Rückkoppelung. Erneut verbreitet DPA also das russische Zeitungswissen, besser, die – Vermutungen, worauf sich endlich die ganze Welt auf das Jonastal stürzt. Unnötig zu erwähnen, daß alle untersuchten Medienprodukte auf das Ereignis eingehen.

Der erste Zirkelschluß: Eine Zwischenzusammenfassung der "Nachrichten"kette.

Im September erscheint das Buch "Die Bernsteinzimmer – Saga" von Günter Wermusch. Hier taucht das Jonastal als eventueller Verbergungsort des Bernsteinzimmers als eine Möglichkeit von Hunderten auf. Im Oktober zeigt das ZDF einen Film über das "Letzte Führerhauptquartier" im Jonastal. Es wird eine Verbindung zum Bernsteinzimmer hergestellt, wahrscheinlich auch auf Grundlage der Erkenntnisse von Wermusch. "DPA" berichtet als Folge des Films über das Jonastal.

Anfang November verarbeitet eine russische Zeitung diese Erkenntnisse. Für die Öffentlichkeit schwingen sich dabei Vermutungen zu Wahrheiten auf, durch ein Setzermißgeschick. Deutsche Zeitungen greifen anschließend über Nachrichtenagenturen das russische Wissen auf.

Ende November sagt Boris Jelzin, er wisse, wo das Bernsteinzimmer lagere. Er hat seine Erkenntnisse höchstwahrscheinlich aus der erwähnten russischen Zeitung. "DPA" legt noch einmal unter Hinweis auf Jelzin die Meldungen aus der "Rabotschaja Tribuna" vor.

Ein Dreifach – Salto ein und desselben Jonastalgerüchts, nach dem das Bernsteinzimmer für die Leser – und Hörerschaft eigentlich nur noch dort liegen kann.

Heerscharen von Journalisten, aber vor allem privaten Schatzsuchern und interessierter Bevölkerung belagern daraufhin das Jonastal. Die Thüringer Landesregierung sieht sich in Handlungsdruck: Sie bildet eine "Arbeitsgruppe zum Schutz von Kunst und Kulturgut", die den Spuren des Bernsteinzimmers folgen soll, unter anderem im Jonastal. Erstmals berichten die Thüringer Zeitungen TLZ und TA auf ihren Landesseiten zum Thema.

Wenige Tage darauf, noch im November, werden über DPA neue Erkenntnisse der Arbeitsgruppe der Thüringer Regierung verbreitet: Hinweise eines "Informanten" richten die Aufmerksamkeit nach Weimar. Der Informant ist der schon erwähnte Wolfgang Schneider, der zusammen mit Hans Sta-

delmann seit Monaten die Weimar–Theorie zusammenba-
stelt. Er hat seine "Indizienkette" kurz zuvor den Weimarer
Lokalpolitikern vorgelegt, die das Material an das Land wei-
terreichten. Gleichzeitig bedient er die Presse direkt per Pressekonferenz, ganz bewußt aufheizend, um in der Sache vor-
anzukommen. Zitat aus seinem im Tagebuchstil
aufgemachten Buch für die folgende Zeit, Mitte Dezember:

*"All dies bedenkend, komme ich zu dem Schluß, daß nur ein
nochmaliger Kraftakt die Öffentlichkeit mobilisieren kann: Ich
werde eine Pressekonferenz organisieren... Auch muß Stadelmann und mir etwas einfallen, um die Medien mit möglichst
knalligen Informationen anzufüttern* (Schneider, 94, S.100)."

So kommt es zu aufeinanderfolgenden Meldungen von DPA
mit Hinweisen auf Verstecke in Weimar mit den Quellen
Landesregierung Thüringen und "Weimarer Bürger" Schneider direkt. Das scheint wiederum Bestätigung für die Aussagen zu sein. In der ersten Meldung von der Thüringer Regierung heißt es zwar vom Wissenschaftsminister Fickel (Leiter
der Arbeitsgruppe), daß die Materialien des Weimarer Bür-
gers "keine neuen Erkenntnisse" brächten; das meiste habe
er bereits in der Zeitung gelesen. Damit ist aber eine unter-
schwellige Bestätigung der Sache an sich gegeben.

*"Die Thüringer Landesregierung, der die Hinweise aus Weimar
vergangene Woche zugingen, scheint den vorliegenden Indizien
immerhin soviel Beweiskraft zuzubilligen, daß sie nach einem
Kabinettsbeschluß am vergangenen Dienstag eine Sonderkom-
mission unter Federführung des Wissenschaftsministeriums ein-
gerichtet hat."* (FAZ, 25.11.91)

Damit hat die FAZ immerhin richtig erkannt, daß die Bildung
der Arbeitsgruppe fast nur zufällig mit den Aussagen Jelzins
zusammenfällt – konkreter Anlaß mit konkreten Spuren waren die Weimar–Theorien. DPA meldet aber: "Thüringen
will Spuren des Bernsteinzimmers nachgehen." Die "Thüringer Allgemeine" in einem eigenen Bericht: *"Innerhalb weniger
Tage könnte das legendäre Bernsteinzimmer gefunden sein. Nach
bisher nicht bestätigten Informationen aus Kreisen der Landesregierung verfolgt die mit Nachforschungen beauftragte Arbeits-*

*gruppe neben der von Boris Jelzin angesprochenen eine 'weitere heiße Spur'."* (TA, 25.11.91)

Damit ist die erste auch eine "heiße" Spur.

Die "Thüringische Landeszeitung" am selben Tag:

*"Als mögliches Versteck des verschwundenen berühmten Bernsteinzimmers aus dem russischen Zarenpalast ist auch das Höhlenlabyrinth im Thüringer Jonastal bei Arnstadt im Gespräch... Eine Arbeitsgruppe der thüringischen Landesregierung soll die Spuren des Bernsteinzimmers verfolgen."* (TLZ, 25.11.91)

In den folgenden Tagen konzentrieren sich die Meldungen abwechselnd auf das Jonastal und das Gauforum in Weimar. In den Meldungen von DPA, die großenteils ihren Niederschlag in den untersuchten Zeitungen finden, werden in der Hast sich exakt widersprechende Angaben zur Untermauerung der Vermutungen weitergegeben. In einer der Novembermeldungen zu Weimar heißt es ohne Quelle:

*"Seit Jahren ist bekannt, daß sowohl die Amerikaner als auch die Sowjets und die DDR–Staatssicherheit in Weimar an den möglichen Fundstellen gegraben und nichts gefunden haben."*

Wenige Tage darauf:

*"Nach Angaben von Schneider haben weder die Amerikaner und die sowjetische Militäradministration, die das unterirdische Gauzentrum bis 1949 nutzte, noch die Staatssicherheit in Weimar gegraben und mit Technik gesucht. Die Stasi habe sich auf Aussagen und Verhöre beschränkt, um das Prestigeobjekt Bernsteinzimmer zu finden."*

Zum Jonastal:

*"Private Schatzsuche nach Bernsteinzimmer lebensgefährlich = Schatzsucher, die im Jonastal bei Arnstadt dem legendären Bernsteinzimmer auf der Spur sind, begeben sich bei Ihrer Suche in Lebensgefahr. Die gesprengten Schächte des von den Nationalsozialisten errichteten Ersatz–Führerhauptquartiers seien nicht gesichert, warnte Hans Peter Collingro aus dem Thüringer Innenministerium..."*

In einer späteren Meldung ähnliches:

*"Im Jonastal sollen von diesem Mittwoch an vordringlich alle Stolleneingänge gesichert und verschlossen werden, die in den vergangenen Wochen zahlreiche Schatzsucher anlockten. In zum Teil lebensgefährlichen Kletteraktionen erkundeten Abenteuerlustige vor allem an den Wochenenden die Gänge."*

Minister Fickel äußerte ironisch, er wolle eine Firma zum Verleih von Hacken und Spaten aufmachen. Gleichzeitig die Aussage des Sprechers der Landesregierung, ebenfalls verbreitet über DPA:

*"Einen großen Ansturm von 'Hobby–Schatzsuchern' in Thüringen gäbe es bisher nicht..."*

Wie denn nun?

Insgesamt gibt es allein im November 17 Meldungen zum Bernsteinzimmer bei "DPA", davon 5 direkt das Jonastal, 6 direkt Weimar betreffend. Bei an sich nur 2 (!) wirklichen Neuigkeiten, Jelzins Aussage und der Weimarer "Indizienkette" Stadelmanns und Schneiders; wobei bei genauer Betrachtung ja auch die Präsidentenaussage als unabhängige Neuigkeit wegfällt. (U d bei noch genauerer Betrachtung sogar die Weimarer Spur, siehe Kapitel "Tiefste Druckerschwärze")

Aus den DPA–Meldungen wie auch eigenen Berichten werden bei der "Thüringer Allgemeinen" 4 Artikel, bei der "Thüringischen Landeszeitung" ebenfalls 4, bei der "Frankfurter Allgemeinen Zeitung" 3, bei der "Welt" 2 Meldungen. Allein im November.

Im Dezember gehen die spärlichen Aktionen auf der Suche nach dem Schatz weiter, oder besser gesagt, erst los — wenn man nicht den Medienrummel anschaut, sondern die unabhängig davon laufenden Handlungen. (Soweit man noch von unabhängig reden kann.)

Im Jonastal macht sich die von der Arbeitsgruppe der Thüringer Landesregierung beauftragte Bergsicherungsfirma daran, den Stollenkomplex freizulegen, der bisher noch verschlossen ist — seit Kriegsende. Da der Informationsdrang der gerade gegenwärtigen Journalisten groß ist, begleiten laufende Pressekonferenzen das Geschehen. So finden Aussagen

eine große Aufmerksamkeit und Verbreitung, die beispielsweise den bloßen Aspekt der Nachricht in keiner Weise er-
füllen, ganz zu schweigen vom Interessanten. ("Eine Nachricht ist die nach bestimmten Regeln gestaltete aktuelle Information über Ereignisse, Sachverhalte und Argumente...",
die aber "...eine Botschaft mit Neuigkeitswert" enthalten
muß. (Neolle–Neumann, 96, S.95)

Eine DPA–Meldung nach einer solchen Pressekonferenz Anfang Dezember:

*"Bernsteinzimmer im Führerbunker unwahrscheinlich – Bergsi-
cherung: 'Da unten ist nichts.' = Die Bergsicherungsbehörde
rechnet nicht damit, daß in den unterirdischen Gängen von Hitlers letztem Führerbunker noch irgendwo das verschollene Bernsteinzimmer zum Vorschein kommt. Am kommenden Mittwoch
soll zwar ein bisher noch nicht freigelegter Stollen geöffnet werden, der stellvertretende Leiter der Bergsicherung, Lothar
Dörnbrack, ist sich jedoch sicher, daß die Suche ergebnislos
bleibt. Seine Einschätzung vom Dienstag: 'Da unten ist nichts.'"*

Rein formell mag es eine Nachricht sein, daß die Bergsicherung – und das ist das Neue – vermutet, daß da unten
nichts sei. Freilich könnte man dann auch den Landrat des
Gebietes, den Leiter der Arbeitsgruppe der Landesregierung,
deren Pressesprecher, Zeitzeugen und eventuell auch die
Mehrheit der anwesenden Journalisten fragen, was sie vermuten, was da unten sei. (Wenn man es nicht schon getan
hätte in den letzten Wochen.) Inhaltlich ist das jedenfalls keine Neuigkeit, auch wenn der Leiter der Bergsicherung ein
Fachmann für Berge und Stollen ist.

Um die dürftige Meldung, nach der die Offentlichkeit zu
schreien scheint, nicht ganz so dürftig aussehen zu lassen,
wird weiter in der Meldung Bekanntes wiederholt:

*"Die Thüringer Arbeitsgruppe zur Sicherung von Kunst– und
Kulturgütern gibt bei ihren Untersuchungen zum Verbleib von
Kunstschätzen dem Jonastal auch keine Priorität. Nach Angaben
des Erfurter Wissenschaftsministeriums gebe es weder Archiv-
quellen noch andere fundierte Hinweise, daß sich dort das im
Krieg geraubte und nach Königsberg geschaffte Bernsteinzimmer*

*der Zaren aus dem Katharinenpalast in Puschkin bei St.Peters-*
*burg befinden könnte. Die Arbeitsgruppe konzentriere sich viel-*
*mehr auf das ehemalige 'Gauzentrum' der Nazis am Rande der*
*Weimarer Innenstadt. Dort will sie sich in dieser Woche in dem*
*mehrere Etagen tiefen Kellersystem umschauen.*

*Im Jonastal sollen von diesem Mittwoch an vordringlich alle die-*
*jenigen Stolleneingänge gesichert und verschlossen werden, die in*
*den vergangenen Wochen zahlreiche Schatzsucher anlockten. In*
*zum Teil lebensgefährlichen Kletteraktionen erkundeten Aben-*
*teuerlustige vor allem an den Wochenenden die Gänge. Bergspe-*
*zialist Dörnbrack: 'Ich war in allen zugänglichen Hohlräumen –*
*sie sind leer'."*

Der Bergspezialist war in allen zugänglichen Hohlräumen!
Man kann sich leicht denken, daß er da nicht das Bernsteinzimmer gefunden hat, wo doch vorher schon *"zahlreiche*
*Schatzsucher"* alles durchsucht hatten. Weiter: *"Wenn die Öff-*
*nung des noch nicht erkundeten Stollens ebenfalls kein Ergebnis*
*bringt, wird auch dieser verschlossen."*

Interessant ist, wie das Verschließen und Sichern immer wieder im Vordergrund steht – selbst in den Aussagen.

In den kommenden Tagen wird daran gearbeitet, diesen Stollen zu öffnen. Dazu müssen etwa 4.000 Tonnen Gestein mit
Baggern geräumt werden. Während für Fachleute von vorn-
herein klar ist, daß es nur um diesen einen Stollenkomplex
gehen kann (vergl. Remdt, "Rätsel Jonastal"), scheint das
Medieninteresse schon mit all den Vorabmeldungen weitgehend erschöpft. Es folgen noch 5 DPA–Meldungen zum Jonastal mit regem Echo in der Presse, die ersten 4 davon beschäftigen sich mit der gegenwärtigen Suche und Arbeit an
dem Stollen.

*"Suche nach Bernsteinzimmer im Thüringer Jonastal"; "Suche*
*nach dem verschollenen Zarenschatz – Mit schwerer Technik*
*wird bisher unerschlossener Stollen im Jonastal geöffnet"; "Lust-*
*lose Suche nach dem verschollenen Bernsteinzimmer – Bagger*
*fressen sich in die Muschelkalkhänge des Thüringer Jonastals";*
*und "Bernsteinzimmer–Suche: Grabungen im Jonastal – keine*
*Spur in Weimar".*

Die fünfte Meldung, ein paar Tage darauf, vermerkt, daß die Suche im Jonastal abgebrochen worden ist. Wer noch Interesse daran hat, wird aus der uneindeutigen Meldung nicht schlau:

*"Suche nach dem Bernsteinzimmer im Jonastal beendet = Nach dem verschollenen russischen Bernsteinzimmer wird im Jonastal bei Arnstadt in Thüringen nicht mehr gesucht. Weitere Suchaktionen seien derzeit finanziell nicht zu vertreten, erklärte die Kreisverwaltung am Montag. Auch in Weimar, wo das Bernsteinzimmer unter dem ehemaligen Gauzentrum der Nationalsozialisten vermutet worden war, sind die Arbeiten eingestellt worden. Seit Ausbrechen des Bernsteinzimmer–Fiebers, bei dem eine Spur in das ehemalige "Führerhauptquartier" der Nationalsozialisten im thüringischen Jonastal wies, wurden unter anderem vier Zugänge zu den unterirdischen Stollen gesichert und verschlossen. Durch das Wegsprengen von überhängenden Felsen seien auch die letzten noch nicht untersuchten Stollen vor den teilweise halsbrecherischen Aktionen von Hobby–Suchern gesichert worden. Die Bergsicherung vermutete dort ein geschlossenes System von zwei bis drei Kilometer Länge, das jedoch nicht gefunden wurde."*

Die letzten Eingänge wurden gesichert, obwohl sie gar nicht gefunden wurden?

Gefunden wurden sie nicht, weil nicht danach gesucht wurde; weil die Arbeiten eben vorher abgebrochen wurden. Wirkliche Fachleute hatten, wie gesagt, von Anfang an gewußt, daß es nur um das "geschlossene System", das sogenannte "Objekt 1", ging, weil alle anderen Bereiche seit Jahren zugänglich waren, demgegenüber alle ernstzunehmenden Zeugenaussagen auf "Objekt 1" wiesen. Für Außenstehende, auch für manche Journalisten, konnte diese letzte Meldung aber auch klingen wie: Der Stollen wurde nicht gefunden, weil es keinen gab.

Die erste "Bernsteinzimmerfieber"–Welle ist damit vorbei, es scheint, als bestünde kein allzugroßes Interesse mehr am Jonastal. Erstens gibt es dort nichts Neues mehr, und zweitens läuft noch eine Parallelspur in Weimar. Vielleicht deshalb brechen die Behörden die Suche dort kurz darauf völlig ab.

Größere überregionale Zeitungen hatten sich damit begnügt, die beginnende "Suche" im Jonastal zu vermelden und auf die Spuren in Weimar hinzuweisen. Der erfolglose Abschluß bleibt offen.

Die "Thüringer Allgemeine" bringt während der Aktion den letzten großen Beitrag zum Thema am 5. Dezember. *"Nur Spekulationen auf der Suche nach dem Bernstein / Die Öffentlichkeit wird mit spärlichen Hinweisen hingehalten."* Am Tag darauf eine kurze Randnotiz zum Stasi–Interesse am Jonastal. Die Abschlußmeldung zum gesamten Vorgang am 30. Dezember, siehe unten.

Am 8. Dezember strahlt RTL einen "Spiegel–TV"–Beitrag von 10 Minuten Länge aus, der sich im wesentlichen ums Jonastal dreht. Zu Wort kommen ehemalige Stasileute ebenso wie Günter Wermusch, einige Fakten zur Suche in den letzten Jahren werden eingeworfen.

Die "Thüringer Landeszeitung" meldet unter Berufung auf DPA und eigene Recherche noch am 10. Dezember, daß die Suche im Jonastal zu diesem Zeitpunkt fortgesetzt werde. (Eine entsprechende DPA–Meldung gibt es nicht.)

Am 13.12. die letzte, indirekte Meldung mit einem Bericht über die Landtagsfragestunde, siehe unten.

Nochmal zeitlich zurück: Anfang Dezember verfolgt die Arbeitsgruppe der Thüringer Landesregierung auch die andere Spur in Weimar weiter. Ihre Mitglieder steigen in die Keller des Gauforums hinab und sehen sich anderthalb Stunden um; da keine Bernsteinzimmerkisten in der Ecke stehen, wird ein negatives Ergebnis konstatiert. Die Meldung bei DPA:

*"..Unterdessen ist die Bernsteinzimmer–Suche in den Kellern unter dem ehemaligen Nazi–Gauforum ergebnislos verlaufen. Bei der Inspizierung der Anlagen habe es 'keine konkreten Anhaltspunkte' gegeben für den Verbleib des verschollenen Bernsteinkabinetts aus dem russischen Zarenpalast, sagte der Sprecher der Thüringer Landesregierung..."*

Dieses Resultat, zusammen mit Hinweisen auf die zu dieser

Zeit noch laufenden Grabungen im Jonastal, ist, wie gesagt, die letzte Meldung in der überregionalen wie regionalen Presse. Lediglich die TA resümiert am 30.12.: *"Manches bleibt noch im dunkeln / Weiter Bernsteinzimmer–Spekulationen".*

"Manches" ist gelinde ausgedrückt – genaugenommen ist alles im dunkeln geblieben, in wörtlicher Bedeutung. Die Ereignisse mit ihrer Medienspiegelung noch einmal zusammengefaßt:

Anfang Dezember geben allerhand Personen des öffentlichen Lebens ihre Meinung kund zum möglichen Versteck Jonastal. Alle bremsen die Erwartungen, typische Aussage: *"Ich erwarte das Bernsteinzimmer nicht im Jonastal"* (Rainer Senglaub, Landrat Arnstadt). Gleichzeitig richtet sich die öffentliche Aufmerksamkeit weiter auf Weimar: Was befindet sich denn nun unter dem Gauforum? Was wird die Arbeitsgruppe herausfinden? Diejenigen, die die Suche in Weimar angestoßen haben, Hans Stadelmann und Wolfgang Schneider, haben nicht behauptet, daß unbedingt das Bernsteinzimmer dort lagern müsse – nur gebe es gewisse Ungereimtheiten und die Aussicht, einiges (wertvolles) Unbekanntes dort zu finden.

All diese Aussagen beschäftigen die Medien. Sie fordern Handlungen ein. Die zuständigen Politiker, beginnen notgedrungen, aber ahnunglos zu agieren. Erste (Re–)Aktion sowohl in Weimar als auch im Jonastal: Zumauern, Abhalten, Reden. Zweite Aktion: Im Jonastal rumbaggern, in Weimar Keller inspizieren.

Das öffentliche Interesse schwindet. Die Kellerinspizierung hat nichts gebracht, obwohl nie jemand behauptet hat, das in den (zugänglichen) Kellern etwas lagern würde (sondern in bisher nicht entdeckten Bunkern). Die Bagger im Jonastal werden abgezogen, nachdem alles gesichert und nichts freigelegt ist. Die Aktion hat etliche zehntausend Mark gekostet, keiner weiß mehr als vorher.

Interessant anzumerken ist, daß die regionalen Zeitungen keineswegs mehr Licht in das Dunkel gebracht haben als die überregionale Presse. Rein quantitativ führen sie zwar; für den normal interessierten Leser dürfte aber kaum etwas klar geworden sein: weder die Hintergründe für den Anstoß der Suche, noch der exakte Ablauf derselben, noch die weitergehenden Vermutungen. Die TLZ hatte ihren ersten Bericht am 26.11. gebracht, 4 Tage nach Jelzins Äußerung und 7 Tage nach den Behauptungen der "Rabotschaja Tribuna". Die Überschrift: "Warnung an Schatzsucher". Im folgenden wird davon abgeraten, im Jonastal nach dem Bernsteinzimmer zu suchen. Damit setzt sie das Wissen ihrer Leser voraus – wie sollten diese sonst auf die Idee gekommen sein, mit Hacke und Spaten ins Jonastal zu ziehen?

Die letzte Meldung der TLZ zu diesem Thema kommt am 13.Dezember mit einem Bericht über eine Fragestunde im Landtag:

*"Für Belustigung sorgte in der gestrigen Plenarsitzung des Thüringer Landtages die Anfrage des CDU–Abgeordneten Dr. Frank–Michael Pietzsch, ob der Thüringer Landesregierung etwas über den Verbleib des Bernsteinzimmers bekannt sei. Dr. Ulrich Fickel, Thüringer Minister für Wissenschaft und Kunst, versicherte, daß ihm nichts bekannt sei, aber die mutmaßlichen Aufenthaltsorte des Bernsteinzimmers im Jonastals und in Weimar gesichert und vor unbefugtem Zugriff geschützt wurden. 'Gegen Spekulationen ist kein Kraut gewachsen', so der Minister."*

Neben einigen Parallelmeldungen, wie über neuerliche Zeugenmeldungen, hervorgerufen durch die verschiedenen Presseinformationen, bringt DPA im Dezember noch einen Bericht über das Ende von Dreharbeiten eines Spielfilms zum Thema. Die Fertigstellung von "Die Spur des Bernsteinzimmers" von Roland Gräf kommt also gerade recht; allerdings steht der Film noch nicht für die Kinos bereit. Tatsächlich nimmt die Presse auch erst Notiz, als der Streifen einige Monate später in die Säle kommt. Die Idee zu dem Film habe der Drehbuchautor schon 1988 gehabt, eigener Aussage zufolge: wann aber der Anstoß zur Umsetzung kam, und wodurch, läßt sich leider nicht erkennen.

## Das tapfere Schneiderlein – 1992

Im Jahr 1992 gibt DPA mit insgesamt 18 Meldungen zum Thema "Bernsteinzimmer" die meisten Vorgaben.

Im Januar zwei Kommentare aus anderen (nicht in der Untersuchung enthaltenen) Zeitungen, wobei es in beiden Fällen um die russische Politik im allgemeinen und Boris Jelzin im besonderen geht; beide Male stehen seine "verworrenen" Aussagen (ebenda) zum Bernsteinzimmer im Mittelpunkt. Im selben Monat auch 3 Meldungen zur begonnenen Suche nach dem Bernsteinzimmer von Konrad Kujau (Fälscher der Hitler–Tagebücher) in der Oberlausitz. In der dritten dieser Meldungen wird berichtet, daß Kujau "fündig" geworden sei: Allerdings habe er noch nicht den gesuchten Schatz gefunden, sondern einen unterirdischen Raum, in dem Kisten lagern. Der Raum solle in den kommenden Wochen geöffnet werden. (Offensichtlich fand sich nichts, denn es gibt keine weitere Meldung dazu.)

Ebenfalls im Januar gibt es eine Meldung von DPA zur fortgesetzten Suche in Weimar und im Jonastal. Auch die "Thüringer Allgemeine" bringt einen eigenen Beitrag dazu, ebenso wie die "Thüringische Landeszeitung". Anlaß ist eine Pressekonferenz der Weimarer Hobbyforscher Schneider und Stadelmann, die Schneider schon im Dezember plante:

*"All dies bedenkend, komme ich zu dem Schluß, daß nur ein nochmaliger Kraftakt die öffentliche Meinung als unsere einzige Waffe mobilisieren kann: Ich werde eine Pressekonferenz organisieren, nicht mehr in den verbleibenden Tagen dieses Monats, da sich schon jeder auf die Weihnachtsgans oder den Silvesterkarpfen einstimmt, sondern zu Beginn des neuen Jahres; der 7. Januar soll es sein. Den Baron (v. Falz–Fein – T.M.) werde ich dazu als illustren Gesprächspartner einladen. Auch muß Stadelmann und mir etwas einfallen, um die Medien mit möglichst knalligen Informationen 'anzufüttern'; die Krypta beispielsweise würde sich hervorragend für neue Schlagzeilen eignen."* (Schneider, 94, S.100)

(Mit Krypta ist ein bisher nicht untersuchter unterirdischer Raum am ehemaligen NS–Gauforum gemeint, in dem Schneider und Stadelmann Schätze oder Akten vermuten.)

Widerhall in der Presse findet dabei beispielsweise auch die per Brief zur Pressekonferenz geäußerte Auffassung des Liechtensteiner Barons von Falz–Fein, daß "dieser Ort die letzte und wahrscheinlichste aller Möglichkeiten darstellt" für die Sicherstellung russischer Kunstschätze. In der TA–Meldung liest sich das so:

*"Während der Pressekonferenz verlas der Historiker und Schriftsteller Wolfgang Schneider, der gemeinsam mit dem Rentner Hans Stadelmann das Thesenpapier zum Verbleib von gesuchten Kunstschätzen aus Raubzügen der NS–Führung erarbeitet hat, ein Grußschreiben des in Liechtenstein lebenden Kunstexperten Baron Eduard von Falz–Fein. Wörtlich heißt es in dem Schreiben, Weimar stelle 'die letzte und wahrscheinlichste Möglichkeit für den Verbleib des Bernsteinzimmers dar'."*

Dieselbe Oberflächlichkeit in der DPA–Meldung:

*"Der in Liechtenstein lebende Kunstexperte Baron Eduard von Falz–Fein, der sich bereits seit Jahren um den Schatz bemüht, habe ihm erneut mitgeteilt, er sehe Weimar als die 'letzte und wahrscheinlichste aller Möglichkeiten', sagte Schneider."*

Anzumerken wäre, daß der Text Falz–Feins gar nicht von ihm stammt, sondern von Schneider selber, lediglich autorisiert ist er von ersterem:

*"So entschließe ich mich denn, der Sache etwas nachzuhelfen, und rechtfertige mich vor mir selbst mit dem bekannten Zitat, daß der Zweck die Mittel heiligt: Abends telefoniere ich mit Liechtenstein, erreiche auch glücklicherweise die 'graue Eminenz', beklage das Ausbleiben des vereinbarten Schreibens, biete ersatzweise eine von mir formulierte Erklärung an und bitte beschwörend um Zustimmung. Die Überrumplung gelingt, der Baron willigt nach anfänglichem Zögern ein; ich habe alles auf Band mitgeschnitten und kann also morgen ruhigen Gewissens seine Botschaft verlesen, die gewiß nicht ihre Wirkung verfehlen wird..."* (Schneider, 94, S.107)

Ende des Monats, am 31.1.1992, resümiert die TA die bisherige Suche mit denselben, oben schon zitierten Worten, obwohl der Baron vom Bernsteinzimmer nichts gesagt – beziehungsweise am Telefon dergleichen zugestimmt – hat. Im übrigen betonen auch Schneider und Stadelmann selbst immer wieder, daß sie nicht das Bernsteinzimmer suchen, sondern "Kunstschätze" (vgl. Schneider, 94). Der Journalist ist derselbe.

Im Februar sendet der MDR (gemeint ist das Fernsehprogramm) einen viereinhalbminütigen Beitrag über Konrad Kujaus Suche nach dem Bernsteinzimmer in der Oberlausitz. Damit beschäftigt sich das regionale Fernsehen erstmals mit dem Thema, was wohl auch der längeren Produktionsdauer der elektronischen Medien geschuldet ist. (Abgesehen von aktueller Berichterstattung.)

Im gleichen Monat meldet DPA einige Aussagen des "Düsseldorfer Autoren Rolf Bender", der

*"seit mehr als einem Jahr im Auftrag der 'Kommunalpolitischen Blätter' (Union – Pressehaus/Düsseldorf) und gemeinsam mit dem Norddeutschen Rundfunk in Hamburg verschwundenen Kunstschätzen auf der Spur"* sei. Dieser beklagt die unsystematische Suche und favorisiert als Versteckort das Erzgebirge.

*"Während alle Welt auf die Schächte im Jonastal und die endlosen Keller des ehemaligen 'Gauforums' von Weimar starrt, 'scheint der fast zwei Autostunden entfernte Heidelsberg bei Aue im Erzgebirge erheblich vielversprechender zu sein'..."*

(Der Buchautor kann auf keiner von etlichen Landkarten oder Meßtischblättern einen "Heidelsberg" bei Aue finden.)

Er spricht auch von einer geheimnisvollen "Kurierstaffel", durch die ein versiegelter und nur von Hitler persönlich zu öffnender Brief befördert worden sein soll. Seine Erkenntnisse hat er mit Sicherheit aus dem Buch von Enke 1987. (Vergl. Enke, 87)

Der Februar bringt bei DPA auch noch eine weitere Meldung zu bevorstehenden Untersuchungen der Thüringer Regierungskommission in Weimar; Meldungen, die sich im März fortsetzen und enden mit der letzten Überschrift:

*"Fehlanzeige Weimar: Das Bernsteinzimmer bleibt verschollen."*

Damit sind allein in diesem ersten Quartal 6 DPA–Meldungen zum Suchort Weimar erschienen. Immerhin ist damit zunächst ein Kapitel Suche abgeschlossen, wenngleich im Sinne der Sucher erfolglos.

Zur angekündigten Fortsetzung der Suche im Jonastal aber bleibt DPA das Ende schuldig.

Der "MDR" sendet im März einen Kurzbeitrag zur Weimarer Suche (1:10 Min.); die TA beteiligt sich mit zwei Artikeln.

Im März erscheint auch ein Buch zum Thema, "Rätsel Jonastal". Der Autor Günter Remdt, im unweit vom Jonastal liegenden Ilmenau wohnend, veröffentlicht die Ergebnisse jahrelangen Forschens zu diesem Gebiet. Obwohl damit sicherlich einer der Kompetentesten, wurde und wird er zu keiner Zeit in die Aktivitäten der Suche nach dem Schatz miteinbezogen. Aus der Untersuchung der Medien geht hervor, daß sein Buch auch nicht verwendet wird in für die Recherchen danach arbeitender Journalisten oder Autoren. Vielleicht, weil der Titel der Veröffentlichung das Schlagwort selbst nicht enthält.

Im April vermeldet DPA, daß russische und deutsche Behörden in Zukunft auf der Suche nach verschollenen Schätzen aus dem Zweiten Weltkrieg eng zusammen arbeiten sollten, wie Boris Jelzin in einem Brief an Kanzler Kohl schreibt. Daß "zu den Schätzen" auch das "seit Jahrzehnten unauffindbare 'Bernsteinzimmer'" gehört, dürfte eine Anmerkung der Nachrichtenagentur selbst sein. *"Im Kanzleramt wurden in diesem Zusammenhang Hoffnungen gedämpft, daß Jelzin in seinem Schreiben Andeutungen darüber gemacht hat, wo sich das auf 250 Millionen Mark geschätzte Bernsteinzimmer befindet"* (ebenda).

In der TA ist eine Nachricht zu lesen, nach der "professionelle Schatzsucher – und zwar Fachleute des amerikanischen Unternehmens 'Global Explorations'" (ebenda) nun das Bernsteinzimmer suchen wollen. Mitarbeiter der Firma hätten im Thüringer Wissenschaftsministerium vorgesprochen.

Im Mai 1992 läßt der MDR mit dem 6minütigen Beitrag "Epilog einer erfolglosen Suche" von sich hören. Es geht darin allein um die Weimarer Aktivitäten der Thüringer Regierungskommission mit den Stellungnahmen der Hobbyforscher.

Der Juni 1992 bringt per DPA die Meldung, daß die US–Firma "Global Explorations" in Thüringen nach dem Schatz suchen wolle, unter anderem in Weimar. Die Firma will, laut der Nachrichtenagentur, 790.000 Mark investieren und modernste Geräte zum Einsatz bringen.

Die "Thüringische Landeszeitung" hat schon kurz vorher eine Meldung veröffentlicht, nach der ein Göttinger Verleger privat Bohrungen am NS–Gauzentrum gemacht habe: "Magistrat und Ministerium überrascht".

Wenige Tage darauf Gleichlautendes wie in der oben genannten DPA–Meldung zum Interesse der amerikanischen Firma "Global Explorations".

Unter der Dachzeile *"Großes Medienaufgebot – Stadelmann begrüßt Zusammenarbeit"* und der Überschrift *"US–Firmengruppe setzt die Suche fort"* (ebenda) wird in einem weiteren Artikel angezeigt, daß *"eine enge Zusammenarbeit mit dem Mitteldeutschen Rundfunk, dem amerikanischen Fernsehkonzern ABC und dem Magazin 'Time Life'"* (ebenda) im Gespräch sei. (Die nächste Sendung eines Fernsehbeitrags des MDR erfolgt im Januar 1994.)

Im gleichen Monat erscheint die erste Auflage des Buchs "Hitlers Geheimobjekte in Thüringen" des Suhler Autors Ulrich Brunzel.

Im August eine Meldung von DPA über das Besucherbergwerk Merkers, wo unter anderem der Reichsgoldschatz 1945 verborgen wurde. Dieser "Goldraum" sei nun auch wieder für Besucher zugänglich – nach häufiger Nachfrage "im Zusammenhang mit der Suche nach dem legendären Bernsteinzimmer".

Einen Monat später, im September, bringt DPA die Meldung

über den bevorstehenden "Bundesstart" des Films mit dem Namen "Spur des Bernsteinzimmers".

Dazu bringt auch der "Spiegel" eine Anmerkung (Nr. 40, 92, S.288).

Rechtzeitig zum Filmstart, am 1. Oktober, sehen sich die Zuschauer von "SAT.1" über die Hintergründe der Produktion informiert – der Sender bringt einen sechseinhalbminütigen Beitrag dazu.

DPA meldet in diesem Herbstmonat erneut, daß "Global Explorations" in Thüringen nach dem Bernsteinzimmer und anderen Kunstschätzen suchen will. Im November sollen die Arbeiten beginnen, in Weimar, danach auch im Jonastal bei Arnstadt, in der Heimkehle bei Nordhausen (eine Höhle), bei Saalfeld und Kahla: 500.000 Mark stünden zur Verfügung. In der TLZ–Meldung vom Juni war zum Start der Arbeiten noch von Juli 1992 die Rede, 790.000 Mark waren im Gespräch.

In dieser Meldung der Nachrichtenagentur ist auch eine Summe genannt, die die Thüringer Regierungskommission ausgegeben haben soll für ihre Untersuchungen in Weimar: 60.000 Mark.

Im November reagieren die regionalen Zeitungen zu den erneuten Aktionen der "Global Explorations" mit verschiedenen Beiträgen, aus denen selbst der exakte Analysator nicht schlau wird, ganz zu schweigen vom "normalen" Leser. Am 15.11. steht in der TLZ:

*"US–Experten suchen Bernsteinzimmer: Im November beginnt 15köpfiges Team mit großangelegter Aktion. Die Suche nach dem legendären Bernsteinzimmer geht weiter: Im November soll der Startschuß zu neuen Untersuchungen am ehemaligen Weimarer Gauforum fallen. Die US–Firmengruppe 'Globalexploration'(!) will – von Weimar ausgehend – an verschiedenen Stellen in Thüringen nach Kunstschätzen aus der Kochschen Raubsammlung fahnden. Das Land hat bereits grünes Licht gegeben."*

*"Als enger Berater wird Hobby–Historiker Hans Stadelmann aus Weimar die Suchaktion begleiten. Stadelmann berichtete*

*gestern, daß im Jonastal, in der Nähe von Nordhausen und Saalfeld sowie in Bunkeranlagen bei Kahla gesucht werden soll. Mehrere Millionen Mark wird das Unternehmen des Schatzsuchers aus Übersee kosten, das Startkapital beläuft sich allein schon auf 500.000 Dollar. Norman Scott (Leiter des Unternehmens – T.M.) geht davon aus, daß die Suche in Thüringen nach acht Wochen abgeschlossen sein wird."*

Am selben Tag steht in derselben Zeitung ein Kommentar unter der Rubrik "Hintergrund", in dem von "der 500.000 Mark teuren Aktion" gesprochen wird. Erfreulicher Hinweis für Amerikatouristen: Umtauschkurs 1:1!

Gleichzeitig ist von 90.000 Mark zu lesen, die die Thüringer Regierung ausgegeben habe für ihre Weimar – Suchaktion. Die Inflationsrate!

Einen Tag darauf im Konkurrenzblatt TA: *"Keine Genehmigung für Schatzsucher / Ehemaliges Weimarer Gauforum jetzt auf vorläufiger Landesdenkmalliste.*

*Auf wackligen Füßen steht die Ankündigung, noch im November würde an acht Standorten erneut die Suche nach Kunstschätzen aufgenommen. Die Landesregierung dementierte gestern Aussagen, sie würde die Absichten der Schatzsucherfirma 'Global Explorations' unterstützen, das Bernsteinzimmer zu finden. Ministerpräsident Bernhard Vogel habe keinen Vertrag mit der Firma des Amerikaners Norman Scott unterzeichnet, betonte Regierungssprecher Hans Kaiser. Auch das Innenministerium, bei dem um Grabungsgenehmigung nachgesucht wurde, und das Wissenschaftsministerium haben mit 'Global Explorations' nach Angaben ihrer Sprecher keine Vereinbarungen getroffen. Zu den Suchorten der Amerikaner gehören mit Dora und Buchenwald zwei Denkmale. Auch das ebenfalls aufgeführte ehemalige Gauforum in Weimar steht seit zwei Wochen auf der vorläufigen Landesdenkmalliste. Bei den zuständigen Denkmalschutzbehörden, die alle Arbeiten an diesen Objekten genehmigen müssen, liegen nach TA – Informationen bisher jedoch keine entsprechenden Anträge vor...*

Am folgenden Tag in der TA: *"Scott: Kein Interesse an Grabung in Buchenwald / Lediglich Messungen am Gauforum geplant.*

*'Absolute Lüge! Ich habe kein Interesse an Nachforschungen in Buchenwald', dementierte Norman Scott, Chef der Schatzsucher–Firma 'Global Explorations', gegenüber TA angesichts anhaltender Spekulationen. Auch im Jonastal werde er im Moment nicht nach Kunstschätzen suchen... Innenminister Franz Schuster (CDU) bestätigte unterdessen auf TA–Anfrage, in einem Brief vom 23. September 'keine Einwände gegen Aktivitäten' der Global Explorations (!) erhoben zu haben..."*

Wie jetzt?

Unterdessen sendet "SAT.1" an zwei darauffolgenden Tagen ein– und zweiminütige Berichte zur Rekonstruktion des Bernsteinzimmers in Zarskoje Selo.

Soweit das Jahr 1992.

Zusammengefaßt: Der Behördenapparat ist langsam und schwerfällig in Gang gekommen, was die Suche in Weimar betrifft. Einzige wirkliche Aktion der Erfurter Regierung: Sie hat flugs das Gauforum auf die Denkmalliste gesetzt... Dafür haben die beiden Weimarer Hobbyforscher Stadelmann und Schneider ganz bewußt den Medienrummel angekurbelt. Trotzdem passiert letztlich überhaupt nichts von öffentlicher Hand – abgesehen von fadenscheinigen Suchaktionen mit Alibicharakter am besagten NS–Gauforum. (Vergl. Schneider, 94, S. 124ff)

Einige andere Bernsteinzimmer–Sucher haben ihr Tun bekanntgegeben, im Gefolge des öffentlichen Interesses – oder angeregt dadurch.

Eine US–amerikanische Firma will den thüringischen Spuren nachgehen, wobei ernsthaftes (Finder–) Interesse und publikumswirksame Vermarktung des Themas – der Suche – nicht zu unterscheiden sind. Die zeigt sich unter anderem an intensiver Medienarbeit bei gleichzeitigem geringen Vorankommen. (Es gibt nichts Neues außer der Ankündigung, die Suche beginnen zu wollen.)

Im Zuge der Orientierung auf das Bernsteinzimmer kommen die Rekonstruktionsarbeiten in Zarskoje Selo ins Gespräch: dort soll ein neues Bernsteinzimmer aufgebaut werden.

# Der Weg ist das Ziel – 1993

"Bernsteinzimmer unter der Festung von Glatz?"

Mit dieser Überschrift startet DPA ins neue Jahr, was das unser Thema betrifft. "Ein Fremdenführer aus Klodzko, dem früheren Glatz" (ebenda), vermutet dies aufgrund der Tatsache, daß in den letzten Wochen des Krieges einige Kisten mit wertvollem Inhalt dort untergebracht worden seien."

Einige Tage darauf, noch im Januar, bringt DPA ein "Feature" über die bevorstehenden Untersuchungen der Höhle "Heimkehle" im Harz durch die Firma "Global Explorations".

Im Februar 1993 bringt der "NDR" einen einminütigen Fernsehbeitrag zum Katharinenpalais in Puschkin im allgemeinen und der Rekonstruktion des Bernsteinzimmers im besonderen.

Auch "SAT.1" beschäftigt sich im Februar mit "Beutekunst" (ebenda) und Schätzen der Eremitage; angesprochen in dem zweiminütigen Beitrag wird auch das Bernsteinzimmer.

Im zweiten Monat seines Bestehens beschäftigt sich auch das Nachrichtenmagazin "Focus" mit Schätzen: Unter der Überschrift *"Goldrausch vor Rügen"* geht es um untergegangene Schiffe und deren Fracht. Schatzsucher ließen sich nicht von der Gefährlichkeit ihres Tuns abschrecken, hielte sich doch hartnäckig das Gerücht, daß sich im Rumpf der "Gustloff" das *"größte Geheimnis des Baltischen Meeres verbirgt: das legendäre Bernsteinzimmer"* (ebenda).

Im April entfacht ein ehemaliger SS–Mann das Bernstein–Fieber neu, um mit den Worten der Dachzeile eines Beitrags der TLZ zu sprechen: "Schatzsucher auf neue Fährte gelockt / Eine der Spuren führt nach Saalfeld". Berichtet wird über die Erinnerungen des heutigen Rentners Erdmann, der gegen Kriegsende von Lastwagen aus Ostpreußen gehört haben will; sie seien sogar an ihm vorbeigefahren. Er tauscht seine Erinnerungen mit Stadelmann aus, macht Untersuchungen an einem "Schacht" (ebenda) vor Ort. *"Erdmann ist sich sicher. 'Hier könnte es gewesen sein'...*

In einem dreiviertelstündigen Film über eine "Reise nach St.Petersburg" berichtet der "NDR" auch über das Bernsteinzimmer, und zwar Ende Juni.

Im August häufen sich einige Meldungen: Die TLZ berichtet erneut von Scott und seinen Mannen, der sich "intensiv auf die Suche nach der Kochschen Raubsammlung" vorbereitet; er brauche nur noch Genehmigungen vom Land. Bei seinen Gesprächen mit Stadelmann habe der Schriftsteller Günter Wermusch zugehört, der sich sehr für die Thematik interessiere. Auch habe kürzlich der Sohn Georg Steins Stadelmann getroffen und ihm gegenüber dessen Aussagen wiederholt, nach denen das Bernsteinzimmer in Thüringen liegen könnte: *"Gebhardt Stein, der Sohn des Bernsteinzimmer–Forschers Georg Stein, war auf Geheiß des persönlichen Beraters Boris Jelzins, Eduard Baron von Falz–Fein, bei dem Weimarer Hobby–Historiker zu Gast."*

Falz–Fein lebt in Liechtenstein und hat sich überall in die Suche nach dem Bernsteinzimmer mit eingemischt, ist aber jedenfalls kein Berater Boris Jelzins. Allenfalls hat er lose Verbindungen zu jenem, nach eigenen Aussagen. (Vergl. DPA–Meldung vom Nov. 91, Schneider,94) Im übrigen ist sich Stadelmann *"sicherer als vor zwei Jahren"*, daß Teile des Bernsteinzimmers in Thüringen oder gar Weimar lägen.

Im selben Monat rezensiert die "FAZ" ein Buch zum Thema "Schatzsuche": Ein Kapitel des Buchs befaßt sich mit dem Bernsteinzimmer – und so ragt der Artikel auch in diese Untersuchung herein.

Einige Tage darauf meldet DPA einige Aussagen des "Troja–Experte(n) Klaus Goldmann" zum Schatz des Priamos. Dabei wird auch darauf hingewiesen, daß Jelzin, der den Anlaß zu dieser Meldung durch eine Äußerung gab, schon einmal Verwirrung gestiftet habe mit seiner Aussage zum Thema Bernsteinzimmer im Jahre 1991.

Die "FAZ" bringt diese Meldung zwei Tage darauf.

Sowohl im Oktober als auch November sind bei DPA noch zwei Meldungen zu verzeichnen, bei denen untergeordnet das Bernsteinzimmer angesprochen wird: im ersten Falle in einem Kommentar des "Neuen Deutschland" zu Jelzins Versprechungen, im zweiten im Hinblick auf rückzuführende Kunstschätze.

"SAT.1" läßt in einem gut einminütigem Beitrag seine Zuschauer im Oktober noch einmal Neues erfahren über die Rekonstruktion des Bernsteinzimmers, ebenso wie über die versandeten Spuren des Originals im Jonastal. Am selben Tag spricht Günter Wermusch im Studio über sein Wissen zum Bernsteinzimmer.

## Zusammenfassung 1993

Bernstein–Ebbe. Es gibt an sich in diesem Jahr genausowenig Neues wie in den letzten Jahren, und tatsächlich spiegelt sich das auch so wider in der untersuchten Presse. Inhaltlich bringt die regionale TLZ noch einiges zur fortgesetzten Suche, samt einer neuen Spur. Allerdings dürfen sich die Leser dieser Zeitung keinesfalls besser informiert wähnen als andere Informationsempfänger, zumindest nicht inhaltlich: dafür sind die Beiträge viel zu oberflächlich in dem Blatt. Das liegt sicherlich auch daran, daß die darüber berichtenden Journalisten von Mal zu Mal wechseln.

# Der Fern–See(h)lenverkäufer – 1994

Die "Zeitung für Deutschland", die "FAZ", meldet sich im Jahr 1994 als erste zum Thema Bernsteinzimmer. Indes geht es nur um Konrad Kujau, der einige Monate zuvor schon für Aufregung gesorgt hatte durch seine Ankündigung, das Bernsteinzimmer in Sachsen und Thüringen zu finden.

Wiederum um Kunstschätze und deren Rückführung geht es bei DPA im März in einem Kommentar der "Westfalenpost" – Stichwort Bernsteinzimmer.

"SAT.1" berichtet in einem Zweiminutenbeitrag im März über den Film "Die Spur des Bernsteinzimmers" von Roland Gräf, der "Focus" verfolgt gleichzeitig die Spuren des Ministeriums für Staatssicherheit und dessen Interesse am Bernsteinzimmer. Der zweiseitige Artikel erhellt indessen nicht die Zusammenhänge der Suche, sondern müht sich redlich, den Ostgeheimdienst der Unfähigkeit und Lächerlichkeit preiszugeben. Obwohl sich "Flop an Flop" aneinanderreihte zu einer "Chronologie von Pleiten und Pannen" des "Späh–und Buddeltrupp(s)", wird den "Geheimniskrämer(n) vom MfS" doch nicht abgesprochen, "sich von niemandem ins Handwerk" gepfuscht haben zu lassen. Der Artikel gibt ein Beispiel für üble Meinungs"mache" mit oberflächlichen Fakten zu einem spannenden Thema – völlig fehl am Platz in einem sogenannten "Nachrichtenmagazin", aber leider oft typisch.

Die beiden Weimarer Schatzsucher Stadelmann und Schneider konzentrieren sich 1994 mehr auf den Ettersberg bei Weimar und das ehemalige Konzentrationslager Buchenwald, in dessen Steinbruch noch den Häftlingen geraubtes Gold versteckt sein soll. Dies steht insofern inhaltlich im Zusammenhang, als der Autor Schneider in seinem Buch "Die neue Spur des Bernsteinzimmers" in den letzten Kapiteln darauf eingeht und die Suche nach dem Bernsteinzimmer damit übergangslos in die Suche nach geraubten Nazigold übergehen läßt. Auch sucht die amerikanische Firma "Global Explorations" dort, die ja vorher im Zusammenhang mit dem "legendären Schatz" von sich reden machte (und ein

Buchinteresse dementiert hatte). Überdies gibt es möglicherweise inhaltliche Verflechtungen, als Buchenwaldhäftlinge in Weimar am NS–Gauforum arbeiten mußten, dort eventuell Akten zu finden wären oder diverse Schätze noch von dem einen zum anderen Ort gebracht wurden.

Angemerkt sei dazu noch, daß sich der ganze Vorgang der Suche gleich abspielt wie der nach dem Bernsteinzimmer. Die Hobbyforscher entdecken Hinweise, die Presse berichtet darüber; offizielle Stellen ignorieren, dementieren, verhindern. Vom Kuratorium der Stiftung Buchenwald bis zum Amt für Bodendenkmalpflege müssen alle ihre Genehmigungen loswerden, es passiert nichts. Schließlich gibt man da und dort Genehmigungen, doch entweder ist den Forschern mittlerweile das Geld ausgegangen, oder sie hoffen auf Unterstützung von offizieller Seite oder sonstwie anderes – kurz: Bis heute ist nichts passiert, trotz konkreter Hinweise.

Im einige Monate später erscheinenden "Zeit"–Artikel heißt es dazu (und könnte 1997 immer noch so lauten): "Behördliches Gerangel hemmt die Aktion."

Im vierten Monat des Jahres tut sich eine völlig neue Spur zu dem Bernsteinzimmer auf: Nach einem "tschechischen Schatzsucher" soll es in der Nähe des Obersalzbergs bei Berchtesgaden versteckt worden sein, meldet DPA. Zur Hebung des Schatzes seien allerdings gewisse Daten vonnöten; Josef Muzik *"nannte dabei ein gewisses Kryptogramm aus einem Gemälde Dürers, das Geburtsdatum eines 'bestimmten' Menschen sowie eine sechsstellige Zahlenkombination. Mit der deutschen Seite seien bereits Verhandlungen über die Bergung des Bernsteinzimmers angelaufen."*

Im Mai 1994 erscheint in der TLZ ein kurzer Beitrag über Hans Stadelmann und das Bernsteinzimmer aus Anlaß des am selben Tag gesendeten Films "Die Jagd nach dem Bernsteinzimmer" auf "Arte". In dem Artikel werden Stadelmanns Theorien zur Einlagerung des Bernsteinzimmers inhaltlich wiedergegeben – unter anderem heißt es: *"Koch habe beim Prozeß und danach ausgesagt, daß sich seine Sammlung von Kunstgütern, einschließlich von Teilen des Bernsteinzim-*

*mers, im Weima*rer *Landesmuseum befände.*" Ob das nun Stadelmanns Aussage war, oder eine Verfehlung des Journalisten: Es ist vollkommen falsch. Von Weimar, geschweige
denn vom Landesmuseum, hat Koch nie gesprochen, weder
beim Prozeß noch später. (Zu dem "Arte"–Film: er wird im
Dezember im ZDF gesendet: Auswertung unten.)

Im Juli berichtet die TLZ kurz über das bevorstehende Erscheinen des Buches von Wolfgang Schneider "Die neue Spur
des Bernsteinzimmers", aus dem hier schon mehrfach zitiert
wurde. Es wird darauf hingewiesen, daß Schneider auf das
Thema durch eine Meldung dieser Zeitung, also der TLZ,
aufmerksam wurde.

Anfang August sendet der MDR einen 16minütigen Beitrag
über die "Fortsetzung der Suche nach dem Bernsteinzimmer"
(Archivdatentext des MDR), wobei es ausschließlich um das
Jonastal geht.

In der "Zeit" erscheint Anfang August eine Rezension über
das ab September 1994 der Öffentlichkeit zugängliche Buch
von Schneider. Aus den 60.000 Mark und 90.000 Mark, die
die Thüringer Regierungskommission für die Suchaktion im
Frühjahr 1992 in Weimar ausgegeben habe (siehe S. 49, 50),
sind in diesem "Zeit"–Artikel 97.000 Mark geworden – womit natürlich Schneider wiedergegeben wird; der aber
schreibt in seinem Buch von 75.000 Mark (S.123).

So ist es nur ein kleines Versehen, daß der "Zeit"–Artikel
Schneider folgendermaßen wörtlich zitiert: *"Wir klagen
Handlungsbereitschaft ein!"*, in dem Buch selbst aber zu lesen
steht: *"Somit steht Zuversicht... am Ende dieses Tagebuchs, das
sich als ein Zwischenbericht versteht und seine Fortsetzung öffentlich einklagt."*

In dem Buch Schneiders "Die neue Spur des Bernsteinzimmers" resümiert der Autor das bisherige Geschehen zur Suche in Weimar, die er selbst angekurbelt hat. Skandalös seine
Enthüllungen über die behördliche Vereitelung der systemati-
schen Suche in Weimar. Nachdem er samt Stadelmann seine
Erkenntnisse der Thüringer Regierungskommission zugänglich gemacht hat, die nach öffentlichem Druck zu handeln

beginnt, wird er von den eigentlichen Suchaktionen ausgeschlossen. Seine Erlebnisse zu einer Pressekonferenz am ersten Tag der Bohrungen am Weimarer NS–Gauforum beschreibt er so:

*"... Mühsam zwinge ich mich wieder in den Fortgang der Pressekonferenz. Die Rede ist von exakt georteten 'begrenzten Flächen fester Resistenz' (vermuteten Betondecken) unter dem Freigelände sowie von vermauerten Kellerräumen bis zu dreißig Meter Länge. Aufkommende Euphorie dämpft Dr. Seifert mit der auffallend bestimmten, Befremden auslösenden Bemerkung, er sei dennoch sicher, 'daß nichts gefunden wird'.–*

*15.28 Uhr: Auf der Freifläche des ehemaligen Gauforums beginnt sich ächzend das erste Bohrgestänge zu drehen. Zahlreiche Kameras sind auf die Männer und Maschinen gerichtet, auch auf Stadelmann, der den wohl größten Tag seines Lebens genießt. ... Ausgerechnet Stadelmann selbst ist es, der für Ernüchterung sorgt. Er hat mich beiseite genommen und wirkt fern nachdenklich: Die Arbeiten in den für die Medien hermetisch (!) abgeriegelten Gebäuden verliefen trotz demonstrativer Geschäftigkeit merkwürdig lasch. Kein einziger Raum soll wirklich geöffnet, sondern nur stichprobenartig angebohrt und endoskopiert werden. Verschüttete Keller würden gar nicht geprüft, obwohl er mehrfach darauf hingewiesen hat, daß es sich bei der Füllmasse um ein spezielles Ton–Mergel–Gemisch handelt, welches ebenso zur Konservierung wie zur Tarnung und als Splitterschutz dienen konnte. Auch seien beileibe nicht alle von ihm benannten Örtlichkeiten in die Untersuchung einbezogen, darunter ausgerechnet jener hauptverdächtige Bereich an der Halle der Volksgemeinschaft mit den bestätigten Fahrstuhlschächten und der von uns nachgewiesenen Krypta. Geradezu fassungslos reagiere ich, als ich noch von der Festlegung erfahre, daß die Bohrtiefe auf der Freifläche maximal fünf Meter beträgt – die Technische Universität München hatte neun bis zehn Meter Tiefe sondiert! In mir wächst der Verdacht, daß hier ein großangelegtes Täuschungsmanöver abläuft, das die Öffentlichkeit beruhigen, die Medien mundtot und uns unglaubwürdig machen soll!*

*Diese Befürchtung verdichtet sich zur Gewißheit, als ich abends konzentriert darüber nachdenke. Alle vermeintlichen Widersprü-*

*che fügen sich nahtlos in dieses Bild: Stadelmann, den man erst eiskalt abserviert, dann aber in letzter Sekunde als Alibi herangezogen und ihm auf diese Weise die restlichen Geheimnisse entlockt hat; gleichermaßen die plötzliche öffentliche Betonung unserer Urheberschaft an dieser Aktion, für deren programmierten Mißerfolg wir somit den 'Schwarzen Peter' in der Tasche haben, während sich die Herren der interministeriellen Arbeitsgruppe lächelnd zurücklehnen und argumentieren können, sie hätten doch – wie Dr. Seifert erst heute nachmittag vor der Presse – stets prophezeit, 'daß nichts gefunden wird'. Es ist eine nahezu perfekte Inszenierung, die wohl kaum auf Erfurter Mist gewachsen sein dürfte."*

Später findet Schneider heraus, warum nach lange ablehnender Haltung die Thüringer Regierung plötzlich zu diesen Untersuchungen bereit war. Eine ausländische Firma hatte sich für die Nachforschungen interessiert, wollte diese sogar privat finanzieren: "Global Explorations". Nunmehr brauchte man diesen unabhängigen Schatzsuchern keine Grabungsgenehmigung mehr zu geben – es gab ja schon offizielle Negativbefunde. Tatsächlich schrieb dies, kurzer Rückblick, die TA am 23.4.1992, und zitierte den Leiter der interministeriellen Arbeitsgruppe Seifert: Die Bitte um Unterstützung bei der Suche durch die Firma 'Global Explorations' sei abgelehnt worden, *"da man die Suche als beendet betrachtet"* (Seifert).

*"Ein langer Glücksgräbertraum scheint ausgeträumt zu sein / Major a. D. Sailer und das mögliche Ende des Bernsteinzimmers"* – mit dieser Überschrift und Unterzeile glänzt die TA Mitte September 1994. Ein Journalist dieser Zeitung (der nach der vorliegenden Untersuchung zu keinem früheren Zeitpunkt mit dem Thema in Berührung kam) hat einen neuen Zeugen für den Untergang des Bernsteinzimmers ausfindig gemacht. Eine ganze Seite ist es der TA wert, die Aussagen des würdigen Majors a. D. angemessen einzubetten; inmitten des langen Artikels heißt es dann endlich:

*"In der Tat: Was Gert Sailer zu sagen hat, könnte zu Licht auf dunklem Grund werden. Er gehört zu denen, die von der Vernichtung des Bernsteinzimmers ausgehen und hat dafür durchaus einleuchtende Argumente. 'Das Bernsteinzimmer befand sich*

*1941 nicht in Leningrad, sondern in Zarskoje Selo oder Puschkin. Die Kommandobehörden der Wehrmacht handelten in korrekter Auslegung der Haager Landkriegsordnung, als sie das Bernsteinzimmer vor dem in den Katharinen–Palast einschlagenden sowjetischen Artilleriefeuer in Sicherheit brachten."*

Die Erde dreht sich also um die Sonne! Ein Fakt, der sich immer mal wieder in der Tagespresse zu erwähnen lohnt. (Übrigens dürften die Überlegungen zur Entfernung des Bernsteinzimmers aus Puschkin ganz anderer Art gewesen sein; siehe letztes Kapitel.)

Später dann endlich: *"Und nun die Frage aller Fragen: Was wurde aus dem Bernsteinzimmer? Gert Sailer: 'Das durch Fachkräfte der preußischen Organisation Schlösser und Gärten abgebaute und nach Königsberg verbrachte Bernsteinzimmer hat Königsberg nie verlassen. Es hat – in einem Keller in Kisten verpackt – sogar die Kapitulation der Stadt überdauert.' Schließlich: 'Siegestrunkene Sowjet–Soldaten haben dann in wilder Schießerei und durch Handgranaten das Bernsteinzimmer vernichtet, ohne zu wissen, was sie taten.' Als Beweise benennt Sailer einen Deutschen und einen Russen, die sich nie gesehen haben und ganz unabhängig das Ende des Zimmers so schilderten. Vor zwei Jahren habe man in einer Moskauer Bibliothek dazu Aussagen des russischen Kunsthistorikers Brjussow entdeckt."*

Schnee von vorvorgestern. Die ganze Aussage beruht also auf den schon 1990 im Remy–Film (2) veröffentlichten (zweifelhaften) Fakten des Brjussow–Tagebuchs und einigen Zeugenaussagen; im Mai 1994 wurde der Film erneut in einigen Dritten Programmen ausgestrahlt. Möglicherweise bezieht sich die Aussage aber auch auf den "Zeit"–Artikel von 1984 und ist damit genau ein Jahrzehnt alt. Dort ist nämlich unter anderem zu lesen:

*"Wenn die Kisten im Keller des Schlosses geblieben sind, haben die Russen sie wahrscheinlich selber vernichtet. Der am Schloß tätige Oberbaurat Gerlach erinnerte sich, daß eines Tages nach der Kapitulation von Königsberg am 9. April 1945 plötzlich alle Eingänge zum Keller rauchgeschwärzt oder verschüttet und der ganze Südflügel zerstört war – offensichtlich von siegestrunkenen Sowjetsoldaten in die Luft gesprengt."*

Nun ist das Wort "siegestrunken" nicht so gebräuchlich in der deutschen Sprache, als daß man gewisse Ähnlichkeiten übersehen könnte...

Obschon der Neue "in der Runde der Wissenden" (TA), Sailer, selbst nur andere Personen als Beweis für seine Aussagen nennt, zeigt sich seine Unbedarftheit endlich an seinen allgemein gehaltenen Formulierungen wie "preußische Organisation Schlösser und Gärten" oder "die Kommandobehörden der Wehrmacht"! Im Gegensatz dazu die für einen nicht Dabeigewesenen reichlich konkreten Angaben über die Zerstörungsauslöser: *"in wilder Schießerei und durch Handgranaten".*

Offensichtlich ist dieser Beitrag das Resultat eines Interviews von einem ahnungslosen Wichtigtuer durch einen ahnungslosen Journalisten.

Dabei gilt der Rang des "Majors a. D." offenbar als Allwissenheitstitel und reichliche Legitimation für Allgemeinposten. Welche Diensteinheit? Wie alt? Welche Einsätze? Irgendeinen Zusammenhang mit Königsberg? Keine Antwort.

Prompt findet sich die gleiche Aussage am gleichen Tag bei DPA. Zwar beruft sich die Presseagentur allein auf die TA mit ihrer Meldung (und resümiert teilweise vorher von ihr selbst Gemeldetes), doch sind aus der einen Aussage hier bereits drei Aussagen geworden – jedenfalls für den aufmerksamen Leser:

*"Die Spekulationen um den Verbleib des russischen Bernsteinzimmers sind um eine Variante reicher: Siegestrunkene russische Soldaten sollen das 1941 ins Königsberger Schloß ausgelagerte berühmte Barockzimmer ... nach der Kapitulation der Stadt unbewußt zerstört haben. Das berichtet die in Erfurt erscheinende 'Thüringer Allgemeine' (Samstagsausgabe). Entsprechende Aussagen mehrerer Augenzeugen habe ... der Generalstabsoffizier Gert Sailer der Zeitung bestätigt, schrieb das Blatt." Später: "Die These Sailers, so die 'Thüringer Allgemeine', werde auch durch die Aussage des russischen Kunsthistorikers Brjussow bestätigt, die vor zwei Jahren* (tatsächlich war es 1990 – T.M.) *in einer Moskauer Bibliothek gefunden worden sei."*

Sailer selbst hatte sich auf diese Aussagen bezogen – nun bestätigen sie ihn schon; derlei Verfälschungen bereits in der zweiten Generation schriftlich! (Gemeint ist der direkte Bezug von DPA auf die TA, wobei die Informationen sicherlich schriftlich weitergegeben wurden.)

In keiner der untersuchten Medien findet sich (zum Glück) die DPA–Meldung wieder, zumindest nicht unmittelbar. Nur die "Thüringer Allgemeine" selbst veröffentlicht wenige Tage darauf eine Zusammenfassung des Bekannten zum Thema, wobei der Journalist (ein anderer) kurz auf die Sailer–Thesen eingeht.

Als Quelle für weiteres in dem Artikel wird unter anderem die "Zeit" genannt, aber auch das Buch Wermuschs dürfte dem Jounalisten zur Seite gestanden haben. Prompt übernimmt er einen Fakt aus diesem und gibt ihn unwissentlich, aber maßgeblich verfälscht wieder:

*"So verfolgten Kunstfahnder um Stasi–Oberstleutnant Paul Enke Spuren einer weiteren Königsberger Bernsteinsammlung bis Schloß Reinhardsbrunn bei Friedrichsroda."*

Enke geht in seinem Buch davon aus, daß in Friedrichsroda das Bernsteinzimmer gewesen ist, erwähnt in diesem Zusammenhang an keiner Stelle die (hier gemeinte) Bernsteinsammlung. Erst Wermusch behauptet, daß Enke irrte und eben jene (Inklusen–)Sammlung dort gewesen ist. (Damit dürfte Wermusch obendrein noch unrecht gehabt haben, siehe S. 28 und 98, 99.)

Natürlich kann ein Zeitungsjournalist in diesem Fall nicht alle Zusammenhänge klären, alle Hintergründe umfassend recherchieren. Er könnte aber das bisherige Wissen in seiner Herkunft belegen und dessen Unsicherheit deutlich machen. Mindestens korrekt ableiten aber wäre geraten. Im konkreten Fall wäre es zudem naheliegend gewesen, beispielsweise die aktuellen Hintergründe der offiziellen Suche in Thüringen zu durchleuchten, so die zweifelhaften Aktionen der Landesregierung. (Oder durfte er das nicht?)

Ende November sendet die "ARD" in der Reihe "Report" einen Beitrag über die Schatzsuche in Buchenwald. Das hat zwar nur mittelbar mit der Bernsteinzimmersuche zu tun –

es klingen die Weimarer Bohrungen an – ist aber dennoch interessant. Das meinungsbildende Fazit der Sendung ist die komplette Verteufelung der Suche auf dem Ettersberg. Bezug genommen wird unter anderem auf den "Zeit"–Artikel vom August 1994, in dem die von einem ehemaligen KZ–Häftling angefertigte Schatzkarte abgedruckt ist (wie auch in Schneiders Buch). Gezeigt wird auch ein Schriftstück, welches das Vorhandensein von Schätzen verneint. Schneider hatte in seinem Buch Schriftstücke gezeigt, die auf das Vorhandensein solcher schließen lassen.

Was ist die Motivation der Journalisten, die Schatzsuche zu bremsen? Schlimmstenfalls können die Sucher leer ausgehen; bestenfalls finden sie Raubgut und Akten.

Anfang Dezember bringt die "Zeit" eine Vorabrezension zum kurz darauf im "ZDF" gezeigten Film "Die Jagd nach dem Bernsteinzimmer" in der Reihe "Sphinx. Geheimnisse der Geschichte". Interessant ist darin die Klage des "Zeit"–Autors Janßen über im Film dargestellte Ungereimtheiten, wie den Tod des Bernsteinzimmer–Suchers Georg Stein 1987. *"Aber wozu mußte man ein Polizeifoto von seiner Leiche zeigen?"*, fragt Janßen. Warum eigentlich nicht? Freilich muß das jedem mißhagen, der etwas verbergen will – denn kein Zuschauer, der das Foto des mit Messerstichen übersäten Steins gesehen hat, wird die Mär von einem Selbstmord glauben. Und wer ein bißchen die Zusammenhänge kennt, noch weniger. Insofern ist die Kritik Janßens merkwürdig; auch mäkelt er an den ebenfalls dargestellten Todesumständen des Kunstsammlungs–Direktors Rohde herum, die nicht eindeutig geklärt sind. Wie schon oben erwähnt (S. 29), verbreitet Janßen seit jeher, daß Rohde an Hungertyphus im besetzten Königsberg gestorben ist – eine bloße Vermutung, wenn Janßen nicht interne Kenntnisse besitzt.

Zusammenfassung des Jahres 1994

Erstmalig gibt es wirklich etwas Neues in diesem Jahr – aber das steht kaum im Zusammenhang mit dem Bernsteinzimmer: mögliche Einlagerungen von Beutegut auf dem Ettersberg bei Weimar. Stadelmann und Schneider vermuten

Gold, das die Nazis den Häftlingen der Konzentrationslager bnahmen, und stützen sich auf Dokumente aus amerikanischen Archiven. Zusammengefaßt sind die ersten Erkenntnisse und Aktionen dazu in dem Buch "Die neue Spur des Bernsteinzimmers" von Wolfgang Schneider. Darin lassen sich auch die Vorgänge zur Suche in Weimar nach dem Bernsteinzimmer nachlesen. Sonst gibt es noch zwei weitere Spuren: Eine deutet hin auf ein völlig neues Versteckgebiet bei Berchtesgaden mit mehr Fragen als Antworten und eine Uraltvariante in neuem Anstrich.

DPA, sonst Impulsgeber der Meldungen in der weiteren Presse, versäumt in diesem Jahr das Wichtigste. Am 12. Januar melden "ARD", "MDR" und die "Thüringer Allgemeine" gleichzeitig eine neue Spur. Der Leipziger Privatdetektiv Reimann hat in neunmonatiger Recherche etliche Ungereimtheiten in den bisherigen Theorien zur Verbringung des Bernsteinzimmers entdeckt, auch einige Widersprüche in den Akten des MfS, und ist dabei auf das tatsächliche Versteck gestoßen: eine ehemalige Silbergrube bei Schlema/Aue im Westerzgebirge.

Die "ARD" sendet dazu am Abend einen elfminütigen Beitrag innerhalb des politischen Magazins "Kontraste", produziert von der Rundfunkanstalt "SFB". Bereits am Nachmittag lief ein kurzer "ARD"–Beitrag dazu (2 Minuten) im Boulevardmagazin "Brisant", hergestellt vom MDR. Am gleichen Tag bringt der MDR einen anderhalbminütigen Beitrag zu diesem Stoff in seinem Verbreitungsgebiet.

Die "Thüringer Allgemeine" veröffentlicht einen eigenen Artikel, in dem auch Stadelmann zu Wort kommt. Nach seiner Meinung sei Westsachsen möglich, "Die Stasi und Kujau haben nicht umsonst da gesucht." (TA) Interessant wiederum, wie man sich wieder aufeinander bezieht. Im übrigen suchte Kujau in Ostsachsen.

Gefragt ist in dem TA–Artikel auch ein anderer "Kenner der Materie" (TA), der versichert, daß eine stillgelegte Silbergrube

*"mit Bestimmtheit nicht für die ordnungsgemäße Einlagerung so wertvoller Kunstgegenstände in Frage gekommen"* ist. *"Das reichlich fließende Bergwasser hätte ein schnelles Ende gebracht, Moder und Schimmel. Auch daß – wie entdeckt wurde – der frühere Chef der deutschen Abwehr, Admiral Wilhelm Canaris, bei der Verlagerung aus Königsberg 'eine besondere Rolle' gespielt haben soll, ist mehr eine Legende, denn historisch nachvollziehbar. Als das Bernsteinzimmer aus Ostpreußen auf den Weg gebracht wurde, war Canaris nicht mehr Abwehrchef. Im Juli 1944 war er verhaftet worden..."* (beides TA). (Es war nie

behauptet worden, Canaris sei persönlich anwesend gewesen bei der Verbringung.)

Die "Welt" vermeldet dies kurz darauf.

Im Juli gibt es *"wieder Hinweise auf verborgene Schätze im weiten Stollensystem"*, wie die TA unter der Überschrift "Neue Hohlräume im Jonastal. Die Bernsteinjagd geht weiter" zu berichten weiß. Heimatforscher hätten "starke Anzeichen" dafür entdeckt, daß sich an einer bestimmten Stelle in 15 Metern Tiefe größere Mengen Bernstein befänden. Der Wünschelrutengänger der Gruppe, der diese Stellen offenbar ausfindig gemacht hat, habe immerhin "bei einem deutschlandweiten Lehrgang den zweiten Platz belegt". Die Gruppe will ihre Erkenntnisse, auch weitergehende über andere Hohlräume und verstecktes Gold des "Reichsaußenministers Joachim von Ribbentrop", den Behörden bekanntgeben.

Weiter heißt es in dem Artikel zum Jonastal allgemein:

*"Zeitgenössische Quellen berichten von Parkettfußböden, getäfelten Wänden oder gar Klima–Anlagen. Nichts von dem wurde bislang gefunden. Lediglich verschüttete Wände und ausgedehnte Gänge, die freizulegen wohl Jahre dauern würde."*

Wie bitte? Wenn sie verschüttet sind, woher weiß man dann, daß sie "ausgedehnt" sind? Die ausgedehnten Gänge sind seinerzeit alles in allem in weniger als 12 Monaten entstanden: Da müßte das Freilegen doch schneller gehen.

*"Noch immer fehlen ... Unterlagen, die den genauen Zweck der ausgedehnten Anlagen erhellen. Die Version vom Führerhauptquartier ist zwar weit verbreitet, aber auch dafür gibt es keine Bestätigung."*

Doch, gibt es. Nachzulesen unter anderem bei Gerhard Remdt, "Rätsel Jonastal".

Hätte der Journalist dieses Buch gelesen oder die bisherigen Vorgänge – auch in der TA dargestellt – verfolgt, wüßte er auch von dem einzig interessanten "Abschnitt 1" im Jonastal, der am weitesten ausgebaut und bis heute unzugänglich ist und gerade bei der Suchaktion durch die Thüringer Regierung 1991 ausgespart wurde.

Im September ist bei DPA wieder etwas zum Thema zu lesen. Nach einem Interview der "Berliner Zeitung" verspricht der Baron Falz–Fein dem Finder des Bernsteinzimmers 500.000 Mark Prämie. Anlaß zu dem Interview ist eine mehrteilige Reihe zur "Suche nach dem Bernsteinzimmer" in der "Berliner Zeitung".

Sowohl die TLZ als auch die TA veröffentlichen diese DPA–Meldung.

Prompt soll laut "Spiegel" wenige Tage darauf, Anfang Oktober, die Suche an einem neuen Ort beginnen:

*"Beamte des Bundesinnenministeriums wollen nächste Woche in den Kellergewölben einer verfallenen Burgruine in Oberhessen nach einem seit Jahrzehnten verschollenen Schatz graben lassen. Dort sollen ... Teile des berühmten Bernsteinzimmers lagern ... Den Tip haben die Bonner vom Westerwälder Unternehmer Hubert Franken, 58, der das Versteck vor 24 Jahren von seinem Vater auf dem Sterbebett erfahren haben will: Er selbst, so die Beichte des Alten, habe 'die kostbaren Kisten transportiert'... 'Wir wollen uns nicht den Vorwurf machen lassen, etwas versäumt zu haben', rechtfertigen die Ministerien die Schatzgräberei."*

DPA verbreitet die "Spiegel"–Meldung kurz darauf, wobei schon ein konkreter Startbeginn für die Nachforschungen angegeben wird – im Gegensatz zu dem "Spiegel"–Artikel selbst.

Im Folgenden verbreitet DPA diese Meldung noch siebenmal. Die Erstmeldung wird in einer Wochenzusammenfassung wiederholt, darauf erweitert gemeldet mit einer Stellungnahme des "zuständigen Regierungspräsidiums" und der Landesdenkmalbehörde, die kundgeben, von nichts gehört zu haben. Erneut eine Stellungnahme der Landesdenkmalbehörden ist Anlaß für eine weitere Meldung ("Denkmalpfleger zum Bernsteinzimmer: Hessische Variante von Nessi"), worauf die erste Meldung wiederholt wird. Dem folgt als Wochenendzusammenfassung erneut die gleiche Erstmeldung; schließlich gibt es noch eine Gesamtzusammenfassung, in welcher das Bundesministerium mögliche Grabungen dementiert, zumindest für den Oktober. Abgerundet wird die ganze Geschichte mit einer letzten Wiederholung der dritten Meldung.

Interessant ist, daß bei der ganzen Fehlaktion die eigentlichen Auslöser im dunkeln bleiben. Laut "Spiegel" geht der Impuls vom Bonner Innenministerium aus. In einer der DPA–Meldungen heißt es jedoch wörtlich:

*"Die vom Hamburger Nachrichtenmagazin 'Der Spiegel' angekündigte Grabung nach dem sagenumwobenen 'Bernsteinzimmer' in einer verfallenen Burgruine in Oberhessen wird zumindest nicht im Oktober stattfinden. Das versicherte am Montag ein Sprecher des Bundesinnenministeriums... Das Innenministerium gehe nach wie vor davon aus, daß das 'Bernsteinzimmer' zum Kriegsende in Königsberg verbrannt ist."*

Merkwürdig.

Die letzte Veröffentlichung im Jahr 1995 gibt das erhoffte "Happy End" bekannt: Bernsteinzimmer gefunden! In einem eigenen Bericht von einem russischen Autor verkündet dies die "Welt" im September 1995 und bezieht sich dabei auf eine russische Zeitung, die sich auf den russischen Geheimdienst beruft. Demnach besitzt die russische Bernsteinmafia (!) den Schatz, nachdem sie ihn *"im vergangenen Frühjahr in unterirdischen Gängen von Königsberg gefunden"* habe. Das paßt ja ins Geschäft, denn sonst kontrolliert diese Mafia ebenden Bernsteinmarkt.

## Jux und Ballerei – 1996

Ganz im Zeichen derartiger Ulkereien zieht sich die Bernsteinzimmersaga im neuen Jahr hin – diesmal aber auch als solche gekennzeichnet, zumindest für einige –. Nachdem die ARD im Januar den Film "Die Spur des Bernsteinzimmers" wiederholt hat, gibt DPA im vierten Monat etliche Aprilscherze verschiedener Zeitungen zum besten (damit andere Zeitungen wieder ihre Leser damit erfreuen können, wie schon andere Zeitungen ihre Leser erfreut haben – ganz im Sinne der Nachrichten zum Bernsteinzimmer).

*"Und dann gab es da noch zwei sensationelle Funde. In Eckenhagen (Oberbergischer Kreis) wurde das seit 1944 verschwundene 'Bernsteinzimmer' bei Baggerarbeiten entdeckt. Wesentliche Teile des als 'Achten Weltwunder' bezeichneten Zimmers habe ein Baggerfahrer in einem Stollen in 18 verplombten Wehrmachtskisten gefunden. Derzeit werde mit der russischen Regierung über Eigentumsrechte verhandelt, schrieb die 'Oberbergische Volkszeitung'..."*

Ebenfalls im April, aber allen Ernstes, erinnert sich die "Thüringer Allgemeine" ihrer Berichterstatterfunktion vor Ort und bringt einen Beitrag über Schatzsucher im Jonastal. Schatzsucher, die im allgemeinen das Bernsteinzimmer hier vermuten, und im speziellen, nämlich dem hier berichteten Fall, etwas vermuteten oder wußten, was die Zeitung noch nicht weiß: *"Auch die Hintergründe der Grabungsaktion liegen im dunkeln."* Sicher ist nur, daß die Hobbyforscher einen 40 Meter (!) langen Gang in den Berg getrieben haben, ordentlich ausgebaut und abgestützt, *"so daß man aufrecht darin gehen konnnte. Sogar Elektrokabel waren verlegt."* Nun sind sie zufällig entdeckt und von der Polizei festgenommen worden (sonst wüßte die Zeitung nichts davon). Mit einigen Ergänzungen und Vermutungen hinsichtlich etlicher Hohlräume im Thüringer Wald und Anspielungen auf *"Reste des Goldschatzes des deutschen Außenministers"* (Ribbentrop ist gemeint – T.M.) heizt die TA ihren Lesern ein, um sie anschließend schmoren zu lassen. Denn ob die "Hintergründe der Grabungsaktion" doch noch erhellt worden sind oder nicht, bleibt für die Leser fortan "im dunkeln" – kein weiterer Beitrag dazu.

Eines ist wenigstens – laut dieser TA–Meldung – passiert: Die Behörden haben den Gang zugeschüttet, offensichtlich bevor auch sie wußten, was die emsigen Buddler im Sinn hatten. Damit wird gute Behördentradition fortgesetzt.

*"Replik des Bernsteinzimmers bald fertig."* Mit dieser Überschrift fängt die "Welt" ihre Leser, ebenfalls noch im April. Obwohl in dem längeren Artikel über die Rekonstruktion des Bernsteinzimmers lediglich steht, daß Professor Iwan Sautow aus Zarskoje Selo über den Stand der Arbeiten referiert habe – aus Anlaß einer Messesonderschau zum Thema "Techniken der Denkmalerhaltung". "Bald fertig" – tatsächlich dürfte das Double erst einige Jahre nach der (bevorstehenden...) Jahrtausendwende fertig aufgebaut sein. Angesichts der Tatsache, daß seit 1980 daran herumgewerkelt wird, kann man vielleicht "bald" sagen. (Die Fertigung des – allerdings etwas kleineren – Originals dauerte ungefähr von 1706 bis 1712.)

Aber Jahresangaben und Zahlen spielen sowieso keine Rolle im Würfelbecher der Medien, wie bisher schon zu sehen war. Die "Zeit" jonglierte knapp ein Jahr zuvor mit 7 Jahren, die noch weitergearbeitet werden müßte, nachdem die FAZ 1991 gemutmaßt hatte, daß *"mit dem Abschluß des Rekonstruktionsvorhabens ... wohl kaum vor dem Ende des ersten Jahrzehnts im nächsten Jahrtausend zu rechnen"* sei. 1997 geht der "Spiegel" mit der Jahresangabe "2003" wieder etwas zurück, der "Stern" findet noch früher noch besser: *"Im Jahr 2000 soll ... das neue Bernsteinzimmer in altem Glanz erstrahlen"* – eine Zeitangabe, mit der sich auch die "GEO" anfreunden kann.

Man darf gespannt sein auf weitere fröhliche Spekulationen und spätere Vergleiche mit dem wirklichen Datum.

Vielleicht angeregt durch den Aprilscherz, veralbert Dieter Hallervorden einen Monat später in "Verstehen Sie Spaß?" die Medien mit dem Sensationsthema. Angeblich wäre ein

Stück der Vertäfelung aufgetaucht. Vor allem, weil der Sender "n–tv" die Sache überaus ernst nimmt und die bayrische Polizei keinen Spaß versteht, schaukelt sich der Kunstgag auf. Zur Erklärung ein Zitat aus dem kurz darauf erscheinenden "Spiegel"–Resümee:

*"Der Anruf am Nachmittag des 1. Mai war perfide plaziert. Mühsam hatten sich die News–Leute des Berliner Nachrichtenkanals n–tv mit Bildern von der Eurotica ... durch den Tag gequält ... Da wurde n–tv das Bernsteinzimmer angeboten. In Köln, so berichtete ein Anrufer, werde ein süddeutscher Kunsthändler noch am selben Tag ein bedeutendes Fragment des preußisch–russischen Prunkzimmers aus dem 18. Jahrhundert vorstellen. ... Was die Redakteure nicht wußten: Hinter dem Anrufer steckten die Macher der Sendung 'Verstehen Sie Spaß?'. Die Wahrheit in Sachen Bernsteinzimmer dämmerte denn auch n–tv (Sendermotto: gut zu wissen) erst in den Morgenstunden des 2. Mai. Da war der Spaß außer Kontrolle geraten. Die Nachrichtenjäger hatten, argwöhnisch geworden, inzwischen die Polizei alarmiert. Das Kunstwerk, so hatten sie erfahren, solle heimlich von Köln nach Süddeutschland transportiert werden. Die Polizei reagierte mit einem Großeinsatz. ... Für den öffentlich–rechtlichen SDR könnte der Jux teuer werden. Während die n–tv–Truppe die Schlappe bis vergangenen Freitag grollend hinnahm, will sich das Landeskriminalamt (LKA) München Einsatzkosten von mehreren 10.000 Mark erstatten lassen."*

DPA verfolgt den ganzen Vorgang mit 6 Meldungen, von der Nachricht über den Hallervorden–Gag über die Stellungnahme des Produzenten und die Zurückweisung von "n–tv" bis zu Kommentaren verschiedener Zeitungen dazu. Schließlich berichtet auch das Hamburger Nachrichtenmagazin, siehe oben.

Spannend an dem Artikel in der "Welt" Anfang Mai ist nicht die Zusammenfassung der Clownerien um das Bernsteinzimmer unter der sinnigen Überschrift "Wenn ein Adler zur Ente wird", was sich auf den nachgebildeten Raubvogel des Täuschungsstückes bezieht. Interessant ist vielmehr die zitierte Aussage Klaus Goldmanns, Oberkustos (Verwalter) des Berliner Museums für Vor– und Frühgeschichte: *"In der*

*Sache ist schon seit längerer Zeit Bewegung"*; unter Hinweis auf "zuverlässige Leute" sei er sich ganz sicher, daß demnächst echte Bernsteinpaneele auftauchen würden. Damit hat er, kleiner Vorblick auf 1997, immerhin recht.

Im Juni versuchen sich erneut Scott und seine amerikanischen Mannen in die öffentliche Aufmerksamkeit zu buddeln, ebenso wie in die Tiefen der Höhle "Heimkehle" im Südharz – auf der Suche nach dem "legendären Kleinod" (DPA). Beides ohne nennenswerten Erfolg. Lediglich DPA und die "Welt" berichten davon, wobei die Zeitung den Agenturartikel erst im Juli abdruckt. DPA ist die Sache immerhin noch einen Kommentar wert. In diesem ist unter anderem zu lesen, daß die Schatzsucher *"im Fall des Bernsteinzimmers ... auf eine alte Karte des Berliner Kunstexperten Klaus Goldmann"* vertrauen. Gehört Scott zu den "zuverlässige(n) Leute(n)" Goldmanns? *"Das Papier mit Hinweis auf versteckte Tunnel paßt nach seiner Ansicht* (Scott –T.M.) *nur auf die Heimkehle."*

Zu guter Letzt im Jahre 1996 bedient die ARD seine Zuschauer in den ersten Reihen mit ein bißchen ironischem Schabernack zum Bernsteinzimmer. Die Sendeanstalt "SDR" saust dem "Millionenschatz" unter dem Motto "Was die Nation erregte", in wenigen Minuten geschichtlich hinterher, allerdings auch, ohne das Bernsteinzimmer zu finden.

Zu Weihnachten und zum Jahreswechsel gibt es immer genug zu schreiben. Zeitungen beginnen mit den obligaten
Hinweisen, wie man Schnupfen lindert, ein sicheres Silve-
ster ohne selbstgebaute Knaller feiert, und sein Auto gehörig
winterfest macht. Dazu Berichte über den Weihnachtsmann
auf dem Markt, der gerade Kinder erfreut. So bleibt das
Bernsteinzimmer wieder eine Weile ungesucht – erst im
März fällt das Wort im Zusammenhang mit einem Politik-
kommentar DPAs über Beutekunst.

Wesentlich wertvoller als die x–te Meinung ist der Fakten-
bericht Dietmar Reimanns, der im März in Form eines
Buchs veröffentlicht wird. "Das Bernsteinzimmer–Komplott – Enttarnung eines Mythos" ist weder DPA noch anderen überregionalen Medien eine Zeile wert, obwohl darin
nicht nur ganz neue (oder alte) Zusammenhänge um die Verbringung des Kunstwerkes dargestellt werden, sondern auch
die Spur zum Versteck des Bernsteinzimmers in Schlema
(siehe letztes Kapitel) nachvollziehbar beschrieben wird.

Das Buch ist geschrieben von dem Leipziger Privatdetektiv
Dietmar Reimann, der 1994 im Zusammenhang mit Spuren
zum Bernsteinzimmer eher zufällig Kontakt mit ehemaligen
Stasileuten bekam. Offensichtlich versehen mit hinreichend
kritischem Verstand, recherchiert er eher mit dem Ziel, das
Kunstwerk aufzuspüren, statt darüber zu publizieren. Einige
Monate darauf hat er eindeutige Spuren entdeckt, die
anscheinend unmittelbar und unwiderlegbar zu dem Versteck im Erzgebirge führen, aber so noch nie veröffentlicht
worden sind.

Seine Bemühungen, das Bernsteinzimmer im Poppenwald
bei Schlema auszugraben – es ist in einem ehemaligen Berg-
werksstollen gelagert, dessen Mundlöcher zugesprengt und
planiert wurden –, scheitern vorerst an den behördlichen Genehmigungen sowie den Forderungen der Grundstückseig-
ner, der evangelischen Kirche.

Schon vor der Buchmesse im März lädt der "MDR" Reimann in die Talkshow "Riverboat" ein; gemäß dem oberflächlichen Sendeprofil der Reihe wird das Thema aber kaum sachlich durchleuchtet. Im bewährten Unterhaltungsstil darf der Autor seine Thesen kurz andeuten, worauf die anwesenden anderen Gäste und Moderatoren ihre Vermutungen kundtun...

Informativer ist der nochmalige Auftritt Reimanns beim "Unter uns"–Talk im MDR im Sommer. Im März, kurz nach dem Erscheinen des Buchs, meldet sich auch die Berliner "Welt am Sonntag" mit einem sachlichen und umfangreichen Beitrag unter der Überschrift: "Bernsteinzimmer soll sich im Poppenwald bei Schlema befinden".

Parallel dazu spitzen sich in Moskau im Parlament und im Föderationsrat die Diskussionen um die Beutekunst zu. Auch das Bernsteinzimmer wird mehrfach als Faustpfand erwähnt: Die Deutschen haben das Bernsteinzimmer, also können wir die erbeutete Kunst für uns behalten. "Der Spiegel" veröffentlicht (16/97, S.16 v. 14.4.97) einen Brief von einem Prof. Jewgenij Ussenko, der als Chefgutachter der Russischen Akademie der Wissenschaften das russische Parlament – Duma und Föderationsrat – in Sachen Beutekunst aus Deutschland berät, an Bundeskanzler Kohl: *"Was die von deutschen Truppen aus der UdSSR verschleppten Kulturgüter betrifft, so wurden sie in nur unbedeutendem Maße zurückgeführt. Manches wurde vernichtet, ein großer Teil über alle Welt zerstreut, heimlich anderen Ländern übergeben oder – wie das Bernsteinzimmer – versteckt."* Wissen oder Vermutung?

Erneut taucht ein Satz Jelzins auf, den er angeblich bei seinem Deutschlandaufenthalt in Bad Schlangenbach geäußert haben soll (AFP): 'Die Deutschen bekommen den Goldschatz des Priamos zurück, wenn sie das Bernsteinzimmer zurückgeben.'

Als positives Beispiel für Berichterstattung muß in diesem März noch die "Leipziger Volkszeitung" genannt werden, die hier sonst nicht untersucht wurde. Mit der hier angemessenen Form des Interviews als Darstellungsform vermittelt sie ihren Lesern die neuen Erkenntnisse Reimanns.

Auch zur inhaltlichen Erklärung ein größerer Ausschnitt des Interviews:

*"Leipziger Privatdetektiv begibt sich in seinem Buch auf die Suche nach verschwundenem einmaligen Kunstschatz = Neue Spuren zum Bernsteinzimmer?*

*... Nachdem sich die Autoren Paul Enke mit dem 'Bernsteinzimmer – Report', Günter Wermusch mit 'Die Bernsteinzimmer – Saga' und Wolfgang Schneider mit 'Die neue Spur des Bernsteinzimmers' zu Wort gemeldet haben, legen Sie jetzt mit dem 'Bernsteinzimmer – Komplott' das vierte Buch zum 'achten Weltwunder' vor. Was drängt einen Detektiv zu dieser Form von Öffentlichkeit? ...*

*"Nach Literaturstudien, Kramen in Archiven und Befragen von Zeitzeugen merkte ich, wieviel Halbwahrheiten, zurechtgebogene Fakten und offenbar auch bewußte Falschinformationen zum Verschwinden des Bernsteinzimmers im Laufe der letzten 50 Jahre die Runde machten. Es schälte sich für mich heraus, daß die Politik in Ost und West das auf seltsame Art und Weise aus Königsberg verschwundene Kleinod der Weltkultur immer wieder als Spielball im Interessenkonflikt benutzte... Und um das Bernsteinzimmer endlich offenzulegen und klarzumachen, wer es warum wohin brachte, 'mußte' ich dieses Sachbuch zu den geschichtlichen Zusammenhängen und bisher wenig, falsch oder gar nicht beleuchteten Indizien schreiben. ... "*

*"Der immer wieder angenommene Führervorbehalt auf das Kunstwerk ist ein Gespinst. Auf der berühmt – berüchtigten Liste für Hitlers Beutemuseum in Linz taucht das Bernsteinzimmer auch nicht auf. Denn Hitler wußte genau, wem es gehört. Nämlich den Erben der Romanows. Und nachdem die indes völlig germanisierte Zarenfamilie 1918 ohne jedes Gerichtsurteil ermordet war, führten die Erblinien gänzlich in den deutschen Hochadel. Bislang ist ja sträflich außer acht gelassen worden, daß es sich hier um ein privates Kunstwerk handelte, das der Preußenkönig Friedrich Wilhelm I. dem Zaren Peter übrigens nicht schenkte ... 'Die Hausgesetze' der Hohenzollern verboten das Verschenken von solchen Wertgegenständen. Das heißt, bei Wiederauffinden des Zimmers hätten die Russen gar keinen Rechtsanspruch... Kurzum, weder Hitler noch die SS oder der Einsatzstab Reichsleiter*

75

*Rosenberg ließen das Zimmer bei Anrücken der Roten Armee ver-*
*bringen, sondern die Eigentümer desselben, und die arbeiteten im*
*Hintergrund längst gegen Hitler, um Deutschland in den alten*
*Grenzen zu erhalten. Mit dieser Erkenntnis vermochte ich dann*
*auch den Zusammenhang herzustellen, wieso wahrscheinlich mit*
*dem Bernsteinzimmer ebenfalls die preußischen Kroninsignien*
*aus Königsberg verschwanden. Die wären nämlich nötig gewe-*
*sen, um den Plan der Wiedereinführung einer Monarchie in*
*Deutschland zu realisieren."* (LVZ, 12.3.97)

Wie gesagt, dergleichen scheint offensichtlich weder DPA
noch anderen bedeutenden Medien bedeutend genug. Oder
verhindern bestimmte Interessengruppen die Information?
Die "Thüringische Landeszeitung", die sich bisher im bunten
Bernsteinzimmerreigen der Berichte beneidenswert unbe-
darft gezeigt hat, schlägt diesmal um so härter zu. In einem
Bericht, über dem eigentlich "Kommentar" stehen müßte,
zieht sie es vor, statt Reimann selbst dessen berufsmäßigen
Gegenspieler zu befragen:

*"Zugenagelte Kisten im Schloß – Neue Theorie zum Bernstein-*
*zimmer*

*Reinhardsbrunn/Leipzig.(tlz/mar) Judith Oexle kann das Thema*
*Bernsteinzimmer nicht mehr hören. Die Chefin des sächsischen*
*Landesamtes für Archäologie klingt leicht genervt, wenn sie auf*
*das neue Buch 'Bernsteinzimmer–Komplott' (erscheint am 23.*
*März im Verlag Bock und Kübler – Fürstenwalde) des Leipziger*
*Privatdetektivs Dietmar Reimann angesprochen wird. Der näm-*
*lich ist sicher, das in den Kriegswirren verlorengegangene Kunst-*
*gut endgültig in der Nähe von Schlema geortet zu haben. 'Ein*
*Antrag auf Grabung liegt uns noch nicht vor', erklärt die Wissen-*
*schaftlerin, nicht ohne hinzuzufügen, daß sie eigentlich nur für*
*seriöse Archäologie zuständig sei, jedes Begehren aber unvorein-*
*genommen prüfen werde. Das legendäre Bernsteinzimmer, 1716*
*als Geschenk Preußens (! – T.M.) an den russischen Zaren nach*
*St. Petersburg gelangt, bewegt die Phantasie der Hobby–For-*
*scher schon seit Jahren. In Weimar wurde es vermutet, im Jonas-*
*tal bei Arnstadt – dem Ganzen ist jetzt eine neue Theorie hinzu-*
*gefügt worden. Und auch hier führt die Spur erstaunlicherweise*
*von Königsberg, wo das Zimmer zuletzt gesehen wurde, nach*

*Thüringen. Diesmal ist es Schloß Reinhardsbrunn bei Gotha, das als vorübergehendes Domizil des Bernsteinzimmers ausgemacht worden ist. Reimann weiß auch genau, wo es eingelagert war: 'Aufgrund von Zeugenaussagen hat es sich von Februar bis April 1945 in den Bogengängen unter dem Ahnensaal in zugenagelten Kisten befunden.'*

*Die abenteuerliche Erzählung geht aber noch weiter: Am 6. April sei das Kunstgut, von dem man bisher vergeblich nach einer Spur gesucht hat, von einem Armeeoffizier in einem Sanitätsfahrzeug abgeholt worden. Der damalige Präsident des Deutschen Roten Kreuzes, der Herzog zu Sachsen–Coburg–Gotha, habe eine Hilfslieferung des Schweizer Roten Kreuzes genutzt, um unter dem Schutz der Hilfsorganisation das Bernsteinzimmer nach Schlema bringen zu lassen. Reimann ist sich sicher, im späten Frühjahr mit den Ausgrabungsarbeiten beginnen zu können. Sein Pech: Die offiziellen Stellen in Sachsen wissen noch nichts von ihrem Glück."*

Das ist schon ganz schön herb für einen Bericht, der im Journalismus den tatsachenbetonten Darstellungsformen zugerechnet wird: Während "die Wissenschaftlerin" erklärt, spekuliert Reimann, phantasiert abenteuerliche Erzählungen. Als offensichtlich hinreichendes Indiz für den Unsinn der Theorie wird gewertet, daß man bisher schließlich "vergeblich nach einer Spur gesucht hat". Gleichzeitig reiht man die Theorie in Vermutungen über Weimar und das Jonastal ein; und um nur nicht etwa Neues durchblicken zu lassen, bringt man gerade Reimanns Aussagen über Reinhardsbrunn und den Weimarer Sanitätsfahrzeug–Vorfall zu Augenschein – fast die einzigen Fakten, die schon Jahre und Jahrzehnte alt sind (vergl. Enke, 1987): Wohl, um einen sogenannten "Aufhänger" für die Geschichte in einer thüringischen Zeitung zu haben. Den hätte allerdings der in Ilmenau wohnende Erwin Keiluweit als Kronzeuge Reimanns besser geben können.

Daß die "offiziellen Stellen in Sachsen" noch nichts von ihrem Glück wissen, liegt daran, daß sie es nicht wissen wollen. Eine inoffizielle Aussage eines offiziellen Mitarbeiters gegenüber Reimann etwa ein Jahr zuvor hatte zum Inhalt, daß nach dem Bernsteinzimmer nicht gesucht werde; des halb müsse er auf seine Anträge "Kunstgüter" oder ähnliches schreiben, um Unterstützung zu bekommen. (1)

Angemerkt sei, daß das Zitat reichlich irrig ist – und damit vermutlich auch nicht korrekt wiedergegeben: wenn das Bernsteinzimmer im Bogengang unter dem Ahnensaal gelegen hat, dann nicht aufgrund von Zeugenaussagen... Abgesehen davon dürfte gerade der Umstand mit dem Ahnensaal den meisten bekannt sein, nachdem er in dem Film "Die Spur des Bernsteinzimmers" im Januar 1996 zum zweiten Mal gezeigt wurde. Fakt ist, daß das Buch nach solcher getarnter Rezension von den etwa 600.000 Thüringer Lesern der TLZ keiner mehr kaufen dürfte.

Kurzer Einschub: Im Mai veröffentlicht die "Geo", Zeitschrift für Natur und Wissenschaft, einen großen Bericht über das Bernsteinzimmer, wegen seiner Fülle hier erwähnt werden soll – 25 Seiten, davon 5 Seiten Fotos. Vorgestellt werden alle Theorien und deren Vertreter mit Foto, von Hans Stadelmann mit seiner Weimarspur bis zum toten Georg Stein und seinem überfluteten Bergwerk bei Volpriehausen.

Allen werden wenigstens einige gute Gründe für Ihre Varianten nicht abgesprochen, mit einer Ausnahme: Dietmar Reimann. Über ihn der kürzeste Beitrag, mit deutlich negativem Einschlag. Dafür flicht der Journalist einen dubiosen Informanten namens "deep throat" ein, dem etliche Zusammenhänge geläufig sind. Kurioserweise sind diese Zusammenhänge ziemlich deckungsgleich mit den von Reimann in seinem Buch geäußerten.

Grund für diese Kongruenz ist, daß tatsächlich die Informationen des Leipzigers dahinterstecken. Nach einem Interview durch den "Geo"–Journalisten Wolfgang Michal im Februar untersagte Reimann diesem allerdings, seine Hintergrundinformationen in dem Artikel zu verwenden, weil die Veröffentlichung seines Buchs zu dieser Zeit erst bevorstand. So sah sich die "Geo" offenbar gezwungen, das Wissen einem "großen Alleswisser" zuzuschreiben, der selbstverständlich anonym bleibt:

*"Seine Identität will er ... nicht preisgeben. Erst müsse noch je-*

*mand sterben, sagt er, bevor er reden könne. 'Alles, was ich Ihnen geben kann, ist ein wenig Orientierung. Wenn Sie die Stecknadel im Heuhaufen suchen, müssen Sie den Heuhaufen kennen!'"*

Laut "Geo" hat Georg Stein Selbstmord begangen; die Zeitschrift weiß auch genau, wie: Tod durch Harakiri. Stein habe sich in einem rituellen Akt

*"die Bauchdecke aufgeschlitzt, das herausquellende Blut und die Eingeweide mit Gras und Erde verschmiert. Eine schamanische Praxis, kennengelernt in russischer Kriegsgefangenschaft".*

Hatte die Rote Armee auch Zauberpriester eingelocht? Fakt ist, daß die Fotos vom Tode Steins eine andere Sprache sprechen, und, wie schon erwähnt, der Obstbauer Stein sicherlich nicht, zu Tode resigniert, durch halb Deutschland reiste, um sich in einem Wald mit letzter Kraft nach schamanischer Art umzubringen!

Daß die polizeilichen Akten über den Tod Steins verschwunden seien, leugnet übrigens auch Günter Wermusch in einem Brief an den Autor dieses Buches – sie seien in den Händen Baron von Falz – Fein. Wie kommen sie bloß dahin?

Der Tote wird in der "Geo" als Enkes "Bruder im Geiste" bezeichnet; eine ungewöhnliche Formulierung, die schon im "Zeit"–Artikel von Karl–Heinz Janßen 1991 auftauchte.

Die Bilder, die den Beitrag schmücken, hat sich der Schreiber wohl nicht richtig angesehen: Obwohl auf einem deutlich "Romanoff" zu sehen ist, und zwar als fetter Schriftzug auf einer Familienzeitung in der Hand Falz–Feins, erfährt der Leser im Geschriebenen von der Familie "Romanow".

Abgesehen von solchen Kleinigkeiten, paßt der "Geo"–Artikel gut in die Zeit und in den Raum. Zwar täuscht er enthüllenden Journalismus vor, tritt aber niemandem zu nahe und schwimmt einhellig mit im Strom. Eine Hommage an Falz–Fein, den Münchner Fernsehproduzenten Remy; ein Lob den unermüdlichen Forschern Stadelmann und Schön. Dafür kein Extrawort zu Enke oder Wyst, von Reimann ganz zu schweigen.

Im April schreibt DPA, daß das Magazin "Geo" in seiner

neuesten Ausgabe berichtet: Auf dem grauen Sammlermarkt sei ein etwa 50 x 70 cm großes Mosaik des Bernsteinzimmers aufgetaucht. Genau das schreibt das Magazin "Geo" in seiner neuesten Ausgabe nicht – wiewohl der Inhalt der Meldung stimmt.

Angeboten wird das Mosaik, oder besser das Wissen um das Mosaik, dem "Stern" – laut eigenen Aussagen. Da dem seit den gefälschten Hitler–Tagebüchern vorsichtiger gewordenen Magazin die Sache aber "viel zu windig" ist – und zu teuer –, schlägt schließlich der "Spiegel" gehörig Öffentlichkeitskapital daraus. Das aber erst, nachdem sich die Anbieter notgedrungen doch an das seriösere "Nachrichten"–Magazin gewandt hatten, was sie ursprünglich vermeiden wollten.

*"Weil sie in einem "Spiegel"–Bericht darüber* (ein einige Monate vorher wiedergefundenes und zurückgegebenes Gemälde von Caspar David Friedrich – T.M.) *jedoch als 'alte Stasi–Seilschaft' bezeichnet wurden, Hilpert als 'schillernde Figur' und Teschner als zahlungsunfähiger Hehler, wollten sie mit dem Hamburger Nachrichtenmagazin nichts zu tun haben."* (Stern)

Dafür werden sie dann in der großangelegten Enthüllungskampagne des "Spiegels" auch moderater als "Geschäftspartner Teschner, Weber, Hilpert" bezeichnet, die "Erfahrung im Kunsthandel" hätten.

Freilich stellt der "Spiegel" die Geschichte zugunsten des eigenen Verdienstes auch etwas anders dar: dem Polizeidirektor Peter Schultheiß aus Potsdam sei ein Zettelchen auf den Boden gefallen, auf dem "Bernsteinzimmer" stand. Grund genug für den pfiffigen Journalisten vom "Spiegel", eine großangelegte Recherche zu starten...

Des weiteren befaßt sich der Artikel des "Spiegel" im wesentlichen mit dem unmittelbaren Geschehen der Beschlagnahme des Mosaiks durch die Polizei bei dem Notar.

DPA verbreitet die frohe Kunde in nicht weniger als 60 Meldungen (einschließlich derer über den Fund der Kommode zwei Tage nach dem Mosaik) auf 64 Seiten in 11 Tagen! Zunächst stapeln sich die Nachrichten über die Beschlagnahme an sich, anschließend jene über die Meinungen von Experten zur Echtheit, gefolgt von kurzen historischen Zusammenhängen und Kommentaren verschiedener Zeitungen. Schließlich Meldungen von "Itar–Tass" über russische Reaktionen. Im einzelnen liest sich das so (nur Überschriften):

*Polizei: Kunstwerk aus legendärem Bernsteinzimmer entdeckt*

*Polizei: Mosaik aus legendärem Bernsteinzimmer entdeckt*

*Stichwort: Das legendäre Bernsteinzimmer*

*Polizei: Vermutlich Mosaik aus legendärem Bernsteinzimmer entdeckt*

*52 Jahre Jagd nach dem legendären Bernsteinzimmer*

*Bremer Notar: Bernsteinzimmer nur in Verwahrung genommen*

*Polizei: Vermutlich Mosaik aus legendärem Bernsteinzimmer entdeckt – Notar hatte es für Erben in Verwahrung*

*Bernsteinzimmer–Experte: Russen haben Fotomaterial zu Steinmosaiken*

*Moskau: Rückgabe des Mosaiks aus Bernsteinzimmer angeboten*

*Erster Fund weckt neue Hoffnungen auf das Bernsteinzimmer*

*Tschernomyrdin begrüßt deutsches Angebot zur Rückgabe des Mosaiks*

*Ostexperte: Rückgabe des Bernsteinzimmer–Fundes selbstverständlich*

*Experte Göres hält Mosaik aus Bernsteinzimmer für echt*

*Polizei: Mosaik führt wahrscheinlich nicht zu Bernsteinzimmer*

*Russischer Experte: Beschlagnahmtes Mosaik gehört zu Bernsteinzimmer*

*Polizei: Bernsteinzimmer bleibt trotz Mosaik–Fund verschwunden*

*Mosaik führt nicht zum Bernsteinzimmer – Auch Bonn involviert?*

*Nach Mosaikfund keine Spur zu Bernsteinzimmer*

*"Mr. X" kann das Bild aus dem Bernsteinzimmer ersessen haben*

...

Dabei kommt es zu vergnüglichen Fehlern und Dopplungen in der Hast und Überstürzung: So liest man in regelmäßigem Wechsel von unterschiedlichen Formaten des Mosaiks; vorwiegend wurde es 1755 in das Bernsteinzimmer eingefügt und das, nachdem an anderer Stelle steht, daß das Zimmer erst 1755 überhaupt nach Zarskoje Selo gebracht wurde und "in fünfjähriger Arbeit mit Rokokoteilen ergänzt wurde". Die Restaurierung des Bernsteinzimmers dauere bis zum Jahr 2003, wie ein russischer Experte kundtut, und es würden insgesamt 5 Tonnen Bernstein verarbeitet – kurz darauf braucht man 6 Tonnen; plötzlich ist es auch nur zur "Hälfte" restauriert oder zu mehr als "40 Prozent". Und da tauchen auch wieder die bekannten 80 Kisten auf, in denen das Bernsteinzimmer aus Königsberg abtransportiert worden sein soll, ebenso wie die "130 Verstecke", in denen die Stasi den Schatz vermutet habe.

Der Besitzer des Mosaiks habe es nach dem Tode seines Vaters 1978 auf dem Dachboden gefunden und "in den Keller gebracht"; 1990 sei er "durch Zufall auf den Wert des Bildes gestoßen" und habe gedacht, 'das hängt doch an meiner Wand'". Demnach wohnt der Herr in einer Kellerwohnung. Kurioserweise meint der Notar, daß sein Mandant das "Bild vor zwölf Jahren geerbt" habe – ergibt nach Adam Ries 1985. Nun ja.

Der "Spiegel" vermarktet, wie gesagt, "seine" Mosaik–Enthüllungsstory reichlich, auch indem in allen weiteren Presseorganen jeweils die unvermeidlichen Fotos mit dem Chefredakteur Stefan Aust erscheinen, und bringt noch einen weiteren Artikel im Mai nach dem Fund des Möbels.

Nach Bemühen des Verlages Bock & Kübler – der Reimanns Buch veröffentlicht hat – die neuen Erkenntnisse zu verbreiten, gibt es regionalen Widerhall in der örtlichen Presse und im Norden Deutschlands. In einer Buchlesung bei Kiel mit anschließendem Streitgespräch zwischen dem Autor und einem Augenzeugen, der das Verbrennen des Bernsteinzimmers beim zweiten Bombenangriff auf Königsberg im Sommer 1944 gesehen haben will, kann letzterer die Zuhörer nicht überzeugen.

Im weiteren berichten die "BZ am Sonntag", die "Berliner Morgenpost", die "Bild"–Zeitungen Dresden und Chemnitz über Reimanns Recherchen. Große Fernseh– und Rundfunksender greifen die Theorie aber nicht auf.

Im Mai tauchen zwei weitere Varianten über den Verbleib des Bernsteinzimmers auf; so, als gäbe es nicht schon genügende in der Vergangenheit und gerade Prüfenswertes in der Gegenwart. Am 21.5. berichtet das "Hamburger Abendblatt":

"New Yorker Forscher behauptet: 'Ich kenne das Versteck aus fünf Meter genau!'" Ein polnischer Graf, Waclaw Godziernba–Maliszewki (48), der in New York lebt und seit 20 Jahren Luft– und Satellitenaufnahmen auswertet, meint: 'Das Bernsteinzimmer liegt in der Nähe von Prag.' Zufallsmeldung – oder will das "Hamburger Abendblatt" von den Reimann–Thesen ablenken, die im benachbarten Kiel bereits diskutiert werden?

Eindeutiger ist der Versuch der "Märkischen Oderzeitung" am Bernsteinzimmer–Karussel mitzudrehen. "Bernsteinzimmer von Königsberg nach Finow ausgeflogen?" lautet die Schlagzeile in Veröffentlichungen Ende Mai und spielt damit auf ein seit Jahren bekanntes Gerücht in Finow an: das gibt immer wieder einen guten Aufhänger für eine heiße Lokalstory. "Sogar die Polizei war da und hat die Kopie des Göring–Briefs sichergestellt", freut sich eine Mitarbeiterin der Lufthistorischen Sammlung in Finowfurt in der MOZ. Erfreulicher Weise ist die Polizei nicht auf die Idee gekommen, alle Ausgaben von Günter Wermuschs "Die Bernsteinzimmer–Saga" und Dietmar B. Reimanns "Bernsteinzimmer–Komplott" zu beschlagnahmen, wo die Kopien dieses Briefs abgedruckt sind...

Die "Leipziger Volkszeitung", welche am 16. Mai die Schublade zur Geschichte der Kommode aufzieht, ergötzt sich zwar auch an ihrem Erfolg mit 9 großaufgemachten Artikeln an 5 Tagen, kann aber leider ebenfalls keine weiteren Parallelen zu Bisherigem ziehen (wie zum Beispiel zu ihrem Hintergrundbericht am 14. März). Der Journalist ist ein anderer. Ihm fällt lediglich ein, daß es einen Leipziger Schriftsteller namens Wolfgang Schneider gab, der 1994 ein Buch zum Suchen in Weimar veröffentlicht hat:

*"Der Leipziger Historiker Wolfgang Schneider, der seit Jahren nach dem Zimmer forscht, hofft, daß sich über die Kommode nun das ganze Zimmer aufspüren läßt."*

Aha.

Erst 13 Tage später wird eine kleine Parallele gezogen in einer Buchbesprechung zum Thema "Liegt der Schatz bei Schlema?", wobei es um die Theorie von Dietmar Reimann geht.

Sowohl die FAZ als auch die "Welt" bringen jeweils nach den zwei Funden einige Meldungen; die "Zeit" schweigt – zumindest nach eigenen Archivangaben von Mitte Juni.

RTL bringt erneut zwei "Spiegel–TV"–Beiträge am 17. und 25. Mai, andere Sendungen von "Spiegel–TV" sind auf Vox zu sehen.

Nach Kontakten zum Verlag Bock & Kübler werden sowohl der Verleger, als auch Reimann zu der Talkshow in "Spiegel–TV/Spezial" eingeladen: um kurz darauf – schon auf dem Weg nach Hamburg – wieder ausgeladen zu werden. Grund dafür dürfte sein, daß die Enthüllungen Reimanns nicht ins Sendekonzept passen, und vor allem das Ruhmgebäude des "Spiegels" in Hinblick auf dessen Beitrag zum Fund einstürzen lassen würden. So erfährt der Sendeleiter erstmals, daß das Bernsteinzimmer geteilt betrachtet werden muß: jener Originalteil aus dem Berliner Schloß als das eine; die Erweiterungsstücke, die nach 1755 von der Zarenfamilie in Zarskoje Selo in Auftrag gegebenen, als das andere – als da sind Sockelteile, venezianische Spiegel, Leuchter und eben die vier Steinmosaike, deren eines jetzt gefunden wurde. Und, daß jenes Mosaik schon 1941 vom Schloßdirektor Dr. Rohde als vermißt gemeldet wurde: und damit die vielen Überlegungen verschiedener Experten hinfällig sind, ob und wie sich nun der eigentliche Schatz daraufhin finden lasse.

Ein glückliches Händchen hat der "MDR" am 14. Mai: der Sender strahlt einen sechseinhalb minütigen Beitrag über die Tauchfahrt nach einem "Kombifrachter mit dem Namen 'W.

Gustloff'" aus, die eine deutsche Besatzung bei dem Stöbern nach "dem vielgesuchten Schatz" macht. Es ist der gleiche Tag, an dem das Mosaik auftaucht. So schiebt der "MDR" gleich am nächsten Tag einen Kurzbeitrag nach über das Bild mit Ergänzungen zum Hintergrund.

Am härtesten am Geschehen bleibt im Wonnemonat die "Thüringer Allgemeine", die ihre Leser am 15. Mai, nach dem Fund des Mosaiks, auf dem Laufenden hält, nachdem sie schon Mitte April den "Geo"–Hinweisen zufolge unterrichtete. Am 17. holt sie einen Artikel über fortgesetzte Schatzsuchereien in Thüringen aus der Schublade – mit Hinweis auf das Bernsteinzimmer –, faßt am 20. das Neue zusammen, und berichtet weitergehend am 23., 24., 26. und 27. über Kommode und Mosaik. Am 5. Juni – allerletztes im Untersuchungszeitraum – folgt schließlich der schon zitierte Bericht über "Die Geheimnisse von Reinhardsbrunn".

(Die TLZ konnte aufgrund ihres fehlenden Archivs ab Mai nicht mehr untersucht werden.)

Der "Stern" übrigens – an sich ursprünglich nicht mit in die Untersuchung einbezogen, aber zuletzt doch verwertet – beeindruckt seine Leser in seinem Mai–Artikel mit einem besonderen Abdruck: "Das einzige Farbfoto des originalen Bernsteinzimmers" steht unter einem Bild, welches eben nicht das tatsächlich einzige Farbfoto des Bernsteinzimmers darstellt, sondern vielmehr einen Teil einer Computeranimation, wie sie schon in der "Sphinx"–Reportage des ZDF gezeigt wurde. Das richtige ist beispielsweise im Spiegelartikel zu sehen. Interessant im Zusammenhang mit dem Fund der Kommode aus dem Bernsteinzimmer, die ja im Besitz des ostdeutschen Staatsbetriebes "Kommerzielle Koordinierung" war, ist auch der Rückblick auf das, was die ostdeutsche "Freie Welt" 1957 schrieb:

*"Als die Kunstexperten der Deutschen Demokratischen Republik jüngst wieder eine fast unübersehbare Menge vor der Vernichtung bewahrter deutscher Kunstschätze entgegennahmen, beschlich manchen von ihnen neben der Freude über das Wiedergewonnene ein Gefühl heimlicher Scham. Sorgsam restauriert und*

*sachkundig gepflegt übergaben die sowjetischen Behörden dem deutschen Volk unersetzliche Kulturwerte, die von sowjetischen Soldaten und Spezialisten vielfach unter Lebensgefahr gerettet wurden. Wir stehen dem praktisch mit leeren Händen gegenüber. Noch längst sind nicht alle vom Faschismus aus der Sowjetunion geraubten Kunstschätze dorthin zurückgekehrt; das Schicksal vieler ist ungeklärt. Wurde aber im Bereich unserer Möglichkeiten wirklich alles getan, hier jede Spur bis ins letzte zu verfolgen? 'Freie Welt' möchte auf einen der schmerzlichsten Verluste, auf den Verlust des Bernsteinzimmers, aufmerksam machen – schmerzlich besonders auch des ideellen Wertes wegen, den das Verlorene besaß. Alle diejenigen, die auch nur den geringsten Hinweis auf mögliche Spuren und Zusammenhänge geben können, sind dringend aufgerufen, 'Freie Welt' in ihren Bemühungen um die Wiederauffindung dieses Kunstwerkes zu unterstützen."*

So beginnt der Artikel in dem "Organ für Deutsch–Sowjetische Freundschaft". Zwar war zu dieser Zeit die Kommode noch nicht aufgetaucht; aber später mochten die ostdeutschen Genossen doch lieber die harte Mark des Klassenfeindes als den brüderlichen Dank der Kampfgefährten entgegennehmen.

# Tiefste Druckerschwärze

## oder die (nicht vorhandene) Moral von der Geschicht'

"Das Reden tut den Menschen gut, besonders, wenn man's selber tut."

Die gesamte Suche nach dem "Mythos" Bernsteinzimmer offenbart die Wahrheit dieses alten Sprüchleins. Wer sucht schon wirklich danach? Kaum einer. Wer redet (publiziert) darüber? Fast alle. Günter Wermusch, Juri Iwanov, Wolfgang Schneider, Ulrich Brunzel, Maurice Remy, das sonstige Heer namenloser Journalisten. Dies zeigt sich deutlich bei der Untersuchung des vorliegenden Materials.

Einer derjenigen, die mehr suchen als publizieren wollten, war Paul Enke, der tatsächlich die umfassendste und immer noch brauchbarste Sammlung von Fakten zur Verbringung des Bernsteinzimmers in seinem Buch "Bernsteinzimmer – Report" zusammengefaßt hat. Daß das Buch ideologisch stark verbrämt ist, liegt bei dem Autor und seinem Status nahe. Daß Enke das Bernsteinzimmer trotz jahrelanger Arbeit trotzdem nicht gefunden hat, liegt wohl genau an dieser Tatsache, wie Dietmar Reimann in seinem Buch "Das Bernsteinzimmer – Komplott" mutmaßt – der Stasi–Abteilung paßten etliche Fakten eben nicht ins Bild.

Woher kommen ansonsten die Erkenntnisse? Aus vorherigen Veröffentlichungen Publikationswilliger. Woher deren? Aus vorherigen... Siegfried Weischenberg schreibt in einem Aufsatz über "Legenden um den Journalismus in Deutschland" unter der Überschrift "Vom Leithammel und den Angsthasen":

*"...Auch viele andere Printmedien* (außer dem "Spiegel" – T.M.) *dienen als Themenquell: vor allem die Süddeutsche Zeitung und die Frankfurter Allgemeine, aber auch – jeweils bei*

*rund einem Drittel – Stern, Zeit und der Newcomer Focus; gut jeder fünfte greift auf Bild zurück, um sich beruflich inspirieren zu lassen. Schließlich werden dann noch TV–Sendungen in einem solchen Ausmaß von den Journalistinnen und Journalisten genutzt, daß sich alle Kritiker bestätigt fühlen können: Bis zu einem gewissen Grade bezieht sich der Journalismus – auf den Journalismus."* (7)

So läßt sich alles auf eine Handvoll bekannter Fakten zurückverfolgen. Anzunehmen ist, daß es sich bei anderen Themen ebenso verhält wie in diesem Fall.

Leider scheint Enthüllungsjournalismus in Deutschland oft wenig zu gelten. Möglicherweise sind gegenseitige Abhängigkeiten (!) daran schuld. Schneider beispielsweise schreibt im Zusammenhang mit der offiziellen Weimarer Suchaktion von der *"nachdenklich stimmende(n) Information, daß der ... sehr engagierte Redakteur der 'Thüringer Allgemeinen', Rainer Ostermuth, welcher die interministerielle Arbeitsgruppe harsch kritisiert hatte, binnen Stunden seiner Funktion in der Erfurter Chefredaktion entbunden und ins provinzielle Ilmenau verbannt wurde..."* (94, S. 100).

Vielleicht haben die so manche Journalisten auch zusätzlich den Spruch "Nichts ist so alt wie die Zeitung von gestern" im Hinterkopf. Wenn auch nicht als bewußtes Leitmotto, so gewinnt diese Aussage doch Wertigkeit durch den tatsächlichen Produktionsbetrieb eines solchen Periodikums: wenig Zeit für die Recherche, geringe Spezialisierung der Mitarbeiter und damit oft einhergehende wechselnde Urheberschaft zu gleichen Themen. Man bedenke auch den Umstand, daß fast alle Medien in Deutschland einen vorgegebenen Rahmen haben, einem Zeit– oder Raumplan folgen: die Nachrichtensendung im Rundfunk ist 5minütig, im Fernsehen eine Viertelstunde lang; die Zeitung 20 Seiten dick – und das alles unabhängig davon, ob nun Neuigkeiten anliegen oder nicht. Unnützes ist programmiert, sofern man nicht davon ausgeht, daß jeden Tag unendlich viel Wichtiges passiert, und (sonst) großenteils unbeachtet bleibt.

Grundsätzlich sollte man bei der Beurteilung von Medien deren wirtschaftlichen Hintergrund bedenken. Abgesehen von den einzelnen Verflechtungen innerhalb steht die über-geordnete Frage nach dem Sinn eines Mediums überhaupt: natürlich als gewinnbringendes Produkt zu funktionieren. Da der Gewinn aber hauptsächlich durch die Werbung einge-nommen wird, ist der redaktionelle Inhalt oft nur Beiwerk. Der wichtigste Grund für das gleichbleibende Format der Medienprodukte.

Tageszeitungen berichten aktuell, mit Ausnahme von Wo-chenendbeilagen, Magazinen etc. Sie haben nur ein kleines Wahlfenster für die Bestimmung ihrer Themen. Wochenzei-tungen und wöchentlich erscheinende (Nachrichten–) Ma-gazine können aus einem breiteren Themenangebot wählen, bei gleichzeitig tiefgründigerer Bearbeitung derselben. Das gleiche trifft für Fernsehprogramme zu, abgesehen von deren aktueller Berichterstattung.

Bei dem Thema, "Die Suche nach dem Bernsteinzimmer" zeigte sich vor allem, daß die Dauer der Recherche ausschlag-gebend ist für die Behandlung eines Themas.

Wichtig zu erwähnen ist, das sich das Fernsehen zumindest teilweise als Unterhaltung versteht und gelegentlich auch seine Themen so bearbeitet. Auch der "Spiegel" schreibt meist aus einer distanzierteren Ebene, wie teils die "FAZ". Die meisten Tageszeitungen, regionale ohnedies, vermitteln jedoch regelmäßig den Eindruck von völlig seriöser, ernstge-meinter Berichterstattung, sozusagen mittendrin im Gesche-hen. Das ist der Anfang des Trugs für die Leser: das nicht vermittelte Gefühl für die Unsicherheit und Relativität der Dinge. Wiederum geschuldet der Flüchtigkeit der Themen im Täglichen; so treten auch handfeste Widersprüche oder leere Drohungen in folgenden Ausgaben auf.

Ein Beispiel hierfür: die Aussagen des Majors a. D. Sailer ge-genüber der TA im September 1994 (siehe S. 61), immerhin eine ganze Seite, die lediglich längst Bekanntes aus neuem Munde darstellt – entweder als Neues oder als Bestätigung desselben. Daß es für den Journalisten der TA als wirkliche Bestätigung gilt, ist offensichtlich der Tatsache geschuldet, daß dieser neue Zeuge Sailer sich nicht etwa selbst gemeldet hat, sondern man durch Zufall auf ihn aufmerksam wurde. Die genannten Zusammenhänge bewirken auch, daß Tageszeitungen und sonstige aktuelle Berichterstattung häufig bereits die bloße Ankündigung von Taten publizieren. Zusammen mit übermäßiger Beachtung der Meinung von Politikern oder Angestellten von Institutionen, die meist in völliger Unkenntnis der Sache sind, bläht sich ein Thema schon im Vorfeld unangemessen auf, meist bevor überhaupt die kleinste Handlung geschehen ist. Für die Rezipienten ergibt sich somit ein schiefes Bild.

Als Beleg für diese These sei noch einmal die Bernsteinzimmersuche in Weimar aufgeführt. Unzählige Meldungen republikweit (wahrscheinlich weltweit) haben sich damit befaßt. Was war das eigentlich Neue? Daß zwei Weimarer mit hoher Wahrscheinlichkeit anhand weniger Indizien vermuten, daß das Bernsteinzimmer inmitten der Stadt versteckt sei. (Inwieweit sie von Anfang an wirklich das Bernsteinzimmer und nicht lediglich einige andere Kunstschätze im Auge hatten, läßt sich nicht eindeutig klären; das Bernsteinzimmer jedenfalls verkauft sich besser.) Das wäre also eine Meldung wert, sofern man alles in geregelten Abständen wiederholen will: denn das MfS hatte dieselben Vermutungen längst angestellt und publiziert (vergl Enke, 87). Im übrigen basieren hier die Erkenntnisse des einen auf dem Wissen des anderen: Mitarbeiter des MfS besuchten regelmäßig Stadelmann und "beschlagnahmten" dessen Wissen (Schneider,94, S.18), er berief sich seinerseits damit auf das staatliche Interesse und las bestimmt auch den "Bernsteinzimmer–Report".

Diese eine Meldung jedenfalls hätte genügt, um das Thema erschöpfend abzuhandeln. Denn wirklich getan hat sich im Sinne Stadelmanns und Schneiders bis heute nichts: Vor allem die Untersuchung der sogenannten Krypta, wie auch anderer Kellerräume, steht noch aus.

Einmal "mit knalligen Informationen angefüttert" (Schneider,94, S.100), beginnt der Selbstlauf des öffentlichen Interesses. Die mehr oder weniger zuständigen Behörden sehen sich angesichts der Veröffentlichungen in Handlungsdruck, mindestens aber Erklärungsdruck: neue Veröffentlichungen.

Beweis für die Richtigkeit oder Wichtigkeit der Vermutungen bei den Urhebern. Kompetenzgerangel aller. Neue oder alte Zeugen melden sich, andere Schatzsucher klinken sich ein oder zeigen andere Spuren, Leser melden sich zu Wort.

Schneider selbst ist Autor, nicht Schatzsucher. Freilich wäre ein Fund nebenbei nicht schlecht, aber es geht ihm um eine Veröffentlichung – das läßt sich in seinem Buch zweifelsfrei ablesen. Er "füttert" also regelmäßig die Presse an, tagsüber, und schreibt nachts Tagebuch über den Fortgang der Suche: im wesentlichen die neuesten Pressemeldungen dazu. Anders formuliert: Er veranlaßt andere zu Handlungen, die er dann dokumentieren kann. Er hat ein Stück inszeniert, beschreibt es hinterher, jedoch nicht als Roman, sondern als Tatsachenbericht. Damit wird er hinterher wieder zitiert von jenen, die für ihn agierten.

Wer die ganze Angelegenheit genau verfolgt, erkennt schließlich, daß selbst die erste Meldung – nach der die sogenannte Kochsche Raubsammlung und gar das Bernsteinzimmer in der Stadt lagere – hinfällig wäre. Schneiders "Beweis" ist sein "fast schon sensationeller Fund" (beides Schneider) eines Briefes des Schloßdirektors Walter Scheidig (Weimarer Landesmuseum) an den Volksbildungsminister vom 31.3.1945. Darin vermerkt erstgenannter, daß bei einem Bombentreffer in den nach Süden gelegenen Gewölben, in denen nur einige Kunstwerke kleineren Wertes lagern, kaum Schäden entstanden sind. Dabei hatte er nach dem Krieg ausgesagt, daß die "Kochsche Raubsammlung" vom 9. Februar 1945 bis 9./10. April 1945 sich eben in jenem Gewölbe befunden hatte, und dann abtransportiert wurde. Und diese Sammlung hatte größeren Wert.

Für Schneider also der Beweis, daß Scheidigs letztere Aussage (nach dem Krieg gegenüber dem MfS), insbesondere den Abtransport betreffend, eine Lüge war, die vom eigentlichen Versteckort Weimar ablenken sollte.

Und damit niemand anderes auf die Idee kommt, auf die er selber nicht gekommen ist – daß vielleicht auch der Brief Scheidigs nicht die Wahrheit enthält oder die private Sammlung Kochs den Minister nichts anginge –, nennt er seinen Beweis lieber gleich selbst "unwiderlegbar" (Schneider).

Und tatsächlich ist damit eines der Hauptprobleme der unmittelbaren Suche nach dem Bernsteinzimmer angesprochen: die nicht urteilsfreie Bewertung von Indizien durch die jeweiligen Sucher. Ein jeder von ihnen hat eine feste Hypothese, wo es liegen muß – meist an seinem Heimat– oder Wohnort –, und sucht daraufhin verbissen nach bestätigenden Details. Georg Stein fokussierte seine Aufmerksamkeit jahrelang auf das Bergwerk bei Göttingen. Vermutlich heizte gerade die Unzugänglichkeit der Stollen seine Suchlust und Phantasie an. Im übrigen war Göttingen die einzige Spur von vielen, die nach Westdeutschland führte, also einem Stein zugänglichen Bereich.

Der Weimarer Hans Stadelmann ist sich sicher, daß in Weimar etwas unter dem ehemaligen NS–Gauforum verborgen ist. Zur "Kochschen Raubsammlung", die am 9. und 10.April 1945 aus dem Weimarer Landesmuseum weggefahren worden sein soll, weiß er zu sagen: *"Ein Abtransport war gar nicht mehr möglich. Die Stadt war abgeriegelt."* Auch eine Zeugin will er gefunden haben, die den entscheidenden LKW mit Schweizer Hoheitszeichen bereits nach 2 Stunden leer habe zurückkommen sehen (beides Wermusch, 91, S. 121).

Das widerspricht exakt den Erkenntnissen von Enke, der in seinem Buch vorrechnet, daß der besagte LKW–Transport wahrscheinlich eine Nacht dauerte und damit eventuell bis ins Westerzgebirge kam. Stadelmann will eben darauf hinaus, daß der LKW, von dem er aus Enkes Buch weiß, nur um die Ecke in das NS–Gauforum fuhr; Enke geht von einer Ankunft in Aue aus. So sucht sich jeder, was er braucht. Auch Journalisten sind nicht vor übereilter Hypothesenbildung gefeit. So konzentriert sich Maurice Philip Remy von Anfang an auf Königsberg. Vermutlich, weil die Stadt bis zur Wende für Ausländer gesperrt war und damit allein schon Sensationelles erwarten läßt. So teilt er Wermusch 1990 mit, daß er

*"auf Königsberg setze. Meiner Meinung nach ist das Bernsteinzimmer dort geblieben. Aber Weimar war schon eine Reise wert. Das wäre ein Gag für meinen Film."* (Wermusch, 91, S. 123)

In der "Zeit" vom September 1991 bestätigt sich dies mit der Aussage, Remy habe nachweisen wollen, daß das Bernsteinzimmer die Stadt nie verlassen hatte. So ergibt sich dann auch die Folgerung im Film, daß das Bernsteinzimmer in Königsberg wahrscheinlich verbrannt ist. Die anderen Vermutungen, zum Beispiel hinsichtlich des Jonastals, hatte er nur für den Fall der Unergiebigkeit Königsbergs prüfen wollen (ebenda).

Zusammengefaßt läßt sich ableiten, daß im Osten der Kanon des Kunstraubs durch die Nazis angestimmt wurde; gleichzeitig das Bernsteinzimmer als auf (ost–)deutschem Boden liegend angenommen. Im Westen hingegen läuft das Fazit der Berichterstattung eindeutig darauf hinaus, daß das Bernsteinzimmer von den Russen selbst zerstört wurde. Das ist politisch bequem; zu früheren Zeiten, im kalten Krieg, ohnedies – derzeit immer noch günstig angesichts der Verhandlungen über die Rückführung von Kunstschätzen und dem russischen Hinweis auf den deutschen Bernsteinzimmerklau. Außerdem angenehm für etwaige Nachfolger des Besitzgutes, ob rechtswidrig oder nicht.

Interessant ist die Frage, wie sich in der Presse der Bundesrepublik Deutschland immer wieder die Auffassung glaubhaft verbreiten kann, die einer kleinen Gruppe von Personen offensichtlich nützlich ist.

# Die Enttarnung des Mythos

oder Wo das Bernsteinzimmer wirklich liegt

Das Bernsteinzimmer als Faustpfand der Nazis im Trutz – und Restgau Thüringen: eine immer wieder gebrauchte Formel, die einigermaßen einleuchtend klingt. Erich Koch als Schlüsselfigur im Versteckspiel – immerhin Gauleiter Ostpreußens. Auch einleuchtend, aber nichts als Vermutung.

Vermutungen, die fast alle bisher auf eine falsche Fährte gelockt haben: die gemeinen Nazis sind an allem schuld. Wer steckt tatsächlich dahinter? Der deutsche Hochadel. Dies schreibt zumindest der Leipziger Privatdetektiv Dietmar Reimann, der als einer der letzten bisher eine neue Spur zum Bernsteinzimmer aufgetan hat – in Schlema bei Aue.

Im Gegensatz zu allen vor ihm hat Reimann allerdings nicht nur da und dort ein paar Indizien und viele Theorien, sondern eine schlüssige Geschichte vom Besitzwechsel des Bernsteinzimmers mit der Russischen Oktoberrevolution bis zum Versteckort bei Schlema im Erzgebirge.

Die deutsche Wehrmacht hatte das Bernsteinzimmer beim Vormarsch auf Leningrad aus dem unweit der Stadt liegenden Katharinenpalais abgebaut und nach Königsberg gebracht. In Sicherheit gebracht. Wie bereits angedeutet, ist die heutige Streitfrage, ob dies ein Raub war oder in Übereinstimmung mit der sogenannten Haager Landkriegsordnung geschah, falsch gestellt. Aus damaliger Sicht war das Bernsteinzimmer nicht in der Hand des rechtmäßigen Eigentümers, der Zarenfamilie – denn diese war ja 1918 von den Kommunisten ermordet worden. Somit durfte der Abtransport, eine "Rückführung" in den Besitz des deutschen Adels oder dessen offiziellen Rechtsnachfolgers, dem Lande Preußen, wahrscheinlich folgerichtig gewesen sein, gemäß damaliger Denkweise. (Konservative Kreise stellen das auch heute noch so dar.)

Bedacht werden muß an dieser Stelle, daß die russische Zarenfamilie seit Peter dem Großen, der das Bernsteinzimmer überlassen bekommen hatte, engste Beziehungen zum deutschen Adel hatte, besser formuliert: weitgehend selbst deutschstämmig war. Die Tochter Peters I. (Zar von 1682–1725) aus zweiter Ehe, Anna, heiratete Karl Friedrich Herzog von Schleswig–Holstein, so daß deren Kind, Karl Peter Ulrich von Holstein–Gottorp als Zar Peter III. (Zar 1762, Enkel von Peter dem Großen) schon Halbdeutscher war. Da anschließend die jeweiligen Thronfolger alle in den deutschen Adel einheirateten, kann man fast sagen, daß die Zaren der letzten 5 Generationen bis 1918 Deutsche waren.

Somit erscheint der oben gebrauchte Begriff der Rückführung des Bernsteinzimmers in die Hände seiner eigentlichen Besitzer weniger weit hergeholt, denn etliche Nachfahren der Zarenfamilie lebten demnach in Deutschland.

Angemerkt werden soll auch noch einmal die Überlegung, daß das Bernsteinzimmer möglicherweise nie rechtskräftig den Eigentümer, sondern nur den Besitzer gewechselt hat: Nach den sogenannten Hausgesetzen der Hohenzollern, also den ursprünglichen Eignern des Bernsteinzimmes, hätte kein Familienbesitz verschenkt werden dürfen.

Während des Dritten Reichs gab es mehrere Umsturzversuche zur Beendigung der Naziherrschaft. Während der allgemein bekannte Graf von Stauffenberg nur Ausführender des Anschlags vom Juli 1944 war, liefen etliche Fäden der gesamten Aktion beim Chef der deutschen Abwehr, Admiral Canaris, und Leuten wie Beck, Popitz und Goerdeler zusammen – im Einklang mit dem deutschen Adel unter maßgeblicher Beteiligung des Prinzen Louis Ferdinand von Hohenzollern. Für den erfolgreichen Fall des Umsturzes war der Aufbau einer konstitutionellen Monarchie geplant mit letztgenanntem an der Spitze. Infolge des Mißlingens des Anschlages und gezielter Gegenmaßnahmen der Gestapo, bei denen auch der Prinz verhört wurde, geriet Canaris in (Ehren–)Haft.

Das Bernsteinzimmer sollte möglicherweise zu den geplanten Krönungsfeierlichkeiten in Königsberg (!) eine Rolle spielen.

Dort jedenfalls blieb es noch bis Ende Januar, ebenso wie Prinz Louis Ferdinand von Hohenzollern. Denn im Januar hatte es einen weiteren Plan gegeben, Hitler zu stürzen und die Monarchie zu etablieren.

Dann wurde es abtransportiert von Sondereinheiten der Abwehr (Regiment Kurfürst innerhalb der Division Brandenburg), die unterdessen auch dafür bereitgestanden hatten, im Falle des erfolgreichen Umsturzes die exekutive Kraft zu bilden. Maßgebliche Leute bei dem Unterfangen waren die bereits in der Bernsteinzimmersuche vom MfS ermittelten Personen Gustav Wyst und Albert Popp, ersterer als Sturmbannführer einer SS–Abteilung, letzterer als Standartenführer des sächsischen NS–Fliegerkorps.

Auf nicht eindeutig nachvollziehbaren Wegen brachte Popp das Bernsteinzimmer Anfang Februar nach Schloß Reinhardsbrunn, das der Herzog Carl Eduard von Sachsen–Coburg–Gotha als Unterbringungsmöglichkeit zur Verfügung gestellt hatte. Gleichzeitig wurden verschiedene, als die "Kochsche Raubsammlung" bezeichnete Kunstwerke in Weimar im Landesmuseum zwischengelagert, abgegeben ebenfalls von Popp. In beiden Fällen mag die Überlegung eine Rolle gespielt haben, daß Thüringen inmitten des Reiches einigen Schutz bieten würde und sicherlich den Krieg als unbesetztes Gebiet überstehen würde. In diesem Zusammenhang sei auf die Geheimverhandlungen der deutschen Hitlergegner mit den westlichen Alliierten hingewiesen, nach denen es im Falle des erfolgreichen Umsturzes möglicherweise einen Separatfrieden für das verbliebene Deutschland gegeben hätte und gemeinsames Vorgehen gegen die Sowjetunion.

Aufgrund dieser Geheimverhandlungen, die zwar letztlich wirkungslos blieben, war gegen Ende des Krieges das Gebiet im Westerzgebirge, Raum Aue, längere Zeit unbesetzt. Die Westalliierten drangen nicht bis zu der mit den Russen vereinbarten Linie vor, jene aber hielten sich an die offiziellen Abmachungen. Möglicherweise spielte bei der Verbringung des Bernsteinzimmers auch die geographische Nähe der Hohenzollern–Familie des Prinzen eine Rolle, die sich in Franken niedergelassen hatte.

Tatsächlich aber brachte viele Bernsteinzimmersucher der letzten Jahrzehnte der Umstand auf die falsche Fährte, daß auch die Nazis Thüringen als sicheren Ort im Herzen des Reiches gewählt hatten. In Reinhardsbrunn beispielsweise sollte die Reichskanzlei Einzug halten.

Aus Reinhardsbrunn wurde das Bernsteinzimmer am 7. oder 8. April 1945 wieder abgeholt, wieder von Popp, und nach Schlema im Westerzgebirge gebracht. Kurz darauf holte man auch den Großteil der Kunstwerke aus Weimar ab und versteckte sie möglicherweise am gleichen Ort. Ausschlaggebend dafür dürften vorbereitete Verstecke in günstigen Besitzverhältnissen gewesen sein, ausgehend von der Annahme der wenigstens vorläufigen Nichtbesetzung des Raumes Aue.

Bei Schlema lagerten Häftlinge – möglicherweise in den letzten Kriegstagen aus Buchenwald geholt – den Schatz in einer alten Silbergrube ein, die offenbar als spezielles Übungsgelände der Abwehr gedient hatte. Bewacht wurden die Häftlinge dabei von in deutschen Diensten stehenden Russen aus den für Spezialaufgaben bereitgehaltenen Mannschaften der Abwehr, also des Geheimdienstes (innerhalb der "Division Brandenburg"). Diese wurden anschließend selbst erschossen, nach der Sprengung und Tarnung der Stollen, ebenso wie die beteiligten Häftlinge – wahrscheinlich von Popp und Wyst (und eventuell weiteren Beteiligten).

Für die ermordeten 82 Häftlinge jedenfalls blieb ein Gedenkstein bei Schlema, auf dem auch 18 "Sowjet"–Soldaten aufgeführt sind – Anwohner bestätigen ohne Umschweife die Hinrichtung der Gefangenen auf dem Sportplatz in Schlema im April 1945.

Wyst starb 1947 in Schlema, nachdem er seinem Sohn gegenüber vage angedeutet hatte, das Bernsteinzimmer verborgen zu haben. Monate später fand der dann einige Hinweise in des Vaters verbliebener Kartentasche (siehe Kapitel "Bekanntes und Bekenntnisse zur Suche..."). Popp lebte im Westen Deutschlands bis 1978.

Daß das Versteck des Bernsteinzimmers von den wenigen Wissenden so gut gehütet wird, dürfte hauptsächlich an den

Umständen der Verbergung liegen: etliche Tote sind dabei zu beklagen. Tote, die auf das Konto von bisher Unbelasteten gehen. (Zudem dürften die Verbringer nach wie vor kein Interesse an einer Überführung des Kunstwerkes nach Rußland haben.)

In diesem Zusammenhang ist der Tod Georg Steins im Jahre 1987 vielleicht weniger von Zweifeln umgeben: Wie bereits angedeutet, hatte der zuletzt von einer neuen Spur in Verbindung mit den Erben des Hauses Romanoff gesprochen und wollte sich mit dem MfS in Verbindung setzen zur weiteren Suche (in Ostdeutschland).

Die ehemalige Silbergrube, in welcher sich das Bernsteinzimmer nach Reimanns Auffassung befindet, gehörte ehemals örtlichem Adel und wurde im vorigen Jahrhundert im Zusammenhang mit Familienangelegenheiten der Kirche geschenkt: Der Forstmeister des Gebietes war nicht nur ein Verwandter des Canaris, sondern auch ein Vorfahre des erwähnten Popp. Das Flurstück heißt heute noch Poppenwald.

Die Kirche hat Reimann, der sich gegenwärtig um die Hebung des Schatzes bemüht, auferlegt, 500 000 DM in Form einer Bürgschaft nachzuweisen, um von ihr die Genehmigung für weitere Suchaktionen zu bekommen. Die sächsischen Behörden, bei denen Reimann derzeit um die erforderlichen Genehmigungen nachsucht, scheinen ebenfalls wenig Interesse an dem möglichen Fund zu haben. Nach Aussagen Reimanns werde offiziell nicht nach dem Bernsteinzimmer gesucht, weil es sich nach Auffassung der Bundesregierung nicht auf dem Gebiet der Bundesrepublik befände.

# Literaturverzeichnis

Brunzel, Ulrich: Hitlers Geheimobjekte in Thüringen. Zella–Mehlis, Gustav Jung, 1995.

Enke, Paul: Bernsteinzimmer–Report. Auf der Suche nach einem weltberühmten Kunstwerk. Berlin, Die Wirtschaft, 1987.

Friemuth, Cay: Die geraubte Kunst. Der dramatische Wettlauf um die Rettung der Kulturschätze nach dem zweiten Weltkrieg (Entführung Bergung und Restitution europäischen Kulturgutes 1939–1948). Braunschweig, Westermann, 1989.

Goldmann, Klaus; Wermusch, Günter: Vernichtet, verschollen, vermarktet. Asendorf, Mut, 1992.

Höhne, Heinz: Canaris. Patriot im Zwielicht. München, Bertelsmann, 1984.

Huf, Hans–Christian (Hrsg.): Sphinx. Geheimnisse der Geschichte. Bergisch–Gladbach, Lübbe, 1994.

Ivanow, Jurij N.: Von Kaliningrad nach Königsberg. Leer, Rautenberg, 1991.

Konsalik, Heinz G.: Das Bernsteinzimmer. München, Heyne, 1996.

Kurz, Jakob: Kunstraub in Europa 1938–1945. Hamburg, Facta–Oblita, 1989.

Mader, Julius: Hitlers Spionagegenerale sagen aus. Ein Dokumentationsbericht über Aufbau, Struktur und Operation des OKW–Geheimdienstamtes Ausland–Abwehr mit einer Chronologie seiner Einsätze von 1933–1944. Berlin, Verlag der Nationen, 1983.

Noelle–Neumann u.a. (Hrsg.): Das Fischer Lexikon. Publizistik Massenkommunikation. Frankfurt, Fischer, 1994.

Reimann, Dietmar B.: Bernsteinzimmer–Komplott. Die Enttarnung eines Mythos. Fürstenwalde, Bock & Kübler, 1997.

Remdt, Gerhardt: Rätsel Jonastal. Berlin, Christoph Links, 1992.

Solitkow, Michael Graf: Im Zentrum der Abwehr. Meine Jahre bei Canaris. Gütersloh, Prisma, 1986.

Wermusch, Günter: Tatumstände (un)bekannt. Kunstraub unter den Augen der Alliierten. Braunschweig, Westermann, 1991.

Wermusch, Günter: Die Bernsteinzimmer – Saga. Berlin, Christoph Links, 1991.

## Quellenverzeichnis

(1) Auskunft Dietmar B. Reimanns

(2) "Freie Welt", Nr.9, 1959

(3) Telefongespräch des Autors mit Rudi Wyst am 27.11.96

(4) "Das Ende einer Legende", Maurice P. Remy, N3, 27.12.1990

(5) "Deutsche Nationalzeitung", 16.3.1984

(6) Auskunft von Einwohnern Niederschlemas

(7) "Spiegel Spezial", 1/1995

# Verlag Bock & Kübler,

Dr.–Wilhelm–Külz–Str. 60, D–15517 Fürstenwalde,

Tel. und Fax 03361 57621

In Vorbereitung:

❏ **Bruhn, Peter: Bibliographie Bernsteinzimmer.**
Internationale Bibliographie des Schrifttums über die
Suche nach dem Bernsteinzimmer.

ISBN 3–86155–100–4, DM 12,80; öS 93,50; sFr 11,50.

64 Seiten, Broschur, Format: 20,0 x 13,5 cm,

erscheint: 6/98.

Erfaßt wurde der Zeitraum vor 1976 und ausführlich bis
zum Frühjahr 1998.

Lieferbar:

❏ **Reimann, Dietmar B.: Bernsteinzimmer–Komplott.**
Die Enttarnung eines Mythos.

ISBN 3–86155–082–2, DM 19,80; öS 144,50; sFr 17,80.

200 Seiten, Festeinband, cell., Format: 20,5x13,5 cm.

Jahrzehntelang wurde das Bernsteinzimmer von Schatzsuchern und Geheimdienstmännern gesucht. Privatdetektiv
Dietmar B. Reimann entdeckte 1994 zufällig eine Spur, die
zu einem sensationellen Ergebnis führte: Das Bernsteinzimmer liegt voraussichtlich metertief in einem alten Stollen im Westerzgebirge.

Das Buch ist mehr als ein spannender Bericht über eine
Schatzsuche, es vermittelt aufsehenerregende Zusammenhänge von Aktivitäten des deutschen Hochadels, der Abwehr des Admiral Canaris und der Westalliierten.

❏ **To, Lars: Vi Ventet.** Wir warteten. Nachrichtenbunker "Fuchsbau" bei Fürstenwalde/Spree.

ISBN 3–86155–080–6. DM 19,80; öS 144,50; sFr 17,80.

160 S., Br., zahlr. Abbildungen, Format: 20,0 x 13,5 cm.

"Fuchsbau" – ein Nachrichtenbunker in den Rauener Bergen bei Fürstenwalde (Spree) – gebaut in den letzten Jahren des Zweiten Weltkrieges von Häftlingen aus dem KZ Sachsenhausen, später vom Warschauer Pakt zu einem Zentralen Gefechtsstand zur Luftraumüberwachung erweitert.

Unter den Häftlingen war der norwegische Autor. Bereits 1945 erschien in Oslo sein Buch "Vi Ventet" (Wir warteten). Gefangennahme in Norwegen, Transport nach Deutschland, KZ Sachsenhausen, Arbeitslager bei Fürstenwalde, KZ Neuengamme und Rückkehr nach Skandinavien.

❏ **Bader, Ekkehard R.: Zauber im Tal der Spree.** Geschichte und Geschichten entlang eines Flusses.

ISBN 3–86155–070–9, DM 44,– öS 321,20; sFr 39,60.

Text–Bild–Band (Farbe), 154 Seiten, Festeinband, cell., Format: 28,0x24,5 cm.

In diesem einmaligen Farbband schildert der Autor – ein Kenner der brandenburgisch–preußischen Geschichte – seine Erlebnisse entlang der Spree von Bautzen, Cottbus, Lübbenau, Lübben, Beeskow, Fürstenwalde bis Berlin.

❏ **Lüderitz, Jörg: Wiederentdeckte Neumark.** Unterwegs in einer fast vergessenen Landschaft östlich der Oder. ISBN 3–86155–031–8, DM 39,80; öS 290,54; sFr 35,82. Text–Bild–Band (Farbe), 112 Seiten, Festeinband, cell., Format: 21,8x21,8 cm.

Der Autor durchforschte seine ehemalige Heimat. Ein Touristenführer durch grenznahe Gebiete im heutigen Polen – von Küstrin/Kostrzyn, Landsberg/Gorzow bis Dammvor – stadt/Slubice.

## Nachwort des Verlages

Es ist anzunehmen, daß auch in diesem Jahr ständig neue Vermutungen durch die Medien ziehen werden. Kaum war in unserem Verlag das Buch von Dietmar B. Reimann: "Bernsteinzimmer–Komplott. Die Enttarnung eines Mythos" erschienen, trafen weitere Buchmanuskripte zur Bernsteinzimmer–Suche ein: Wehrmachtsangehörige schilderten ihre Begegnungen mit den großen Kisten aus Königsberg, Flieger haben sie rausgeflogen, U–Boot–Fahrer sind mit ihnen abgetaucht...

Bereits im Frühjahr '98 wurde ein Bagger am Katharinaberg bei Deutschneudorf in Betrieb gesetzt. Ein rühriger Bürgermeister macht geschickt und pressewirksam auf seinen Erzgebirgsort in Grenznähe zur Tschechei aufmerksam: 'Irgendwas liegt hier, da bin ich mir ganz sicher!', meint er und ließ vorsorglich am Ortseingang ein Transparent aufhängen: "1500 Meter bis zum Bernsteinzimmer". Den Schatzsucher und Deutsch–Amerikaner Helmut Gaensel konnte er für die teuren Grabungen gewinnen.

Für andere Experten ist der Fundort in einem ehemaligen Schaubergwerk aber mehr als unwahrscheinlich, weil zum Kriegsende die Einwohner und die Rote Armee, die Anfang Mai 1945 kam, noch munter durch die Stollen spazieren konnten. Erst mit der Grenzbefestigung zur CSR wurde zugemauert.

Wieder ist es aber jemanden gelungen, mit dem Stichwort 'Bernsteinzimmer' auf sich und seinen Ort aufmerksam zu machen und die Medien spielten mit. Man reagierte aber vorsichtiger: 'Fachleute können sich nicht vorstellen, daß dort das Bernsteinzimmer liegen könnte...'

Egal, mit dem Frühjahr war auch das Bernsteinzimmer–Fieber wieder da. Schon Anfang Mai wurde über Grabungen bei Coburg berichtet. 30 Mitarbeiter des Technischen Hilfswerks suchten in einem ehemaligen Steinbruch nach dem Zugang zu einem Stollen. Man hielt sich bedeckt: 'Das Bundesinnenministerium hätte die Grabungen angeordnet.'

Coburg ist nicht uninteressant. Die verwandtschaftlichen Verbindungen der Sachsen – Coburg – Gothaer mit Luis Ferdinand von Preußen und seiner Frau, der Großfürstin Kira von Rußland sind bekannt; und der Herzog von Sachsen – Coburg – Gotha war zum Kriegsende der Präsident des Deutschen Roten Kreuzes. Dennoch ist es unwahrscheinlich, daß Albert Popp, der Chef des Sächsischen Nationalsozialistischen Fliegercorps, ein Verwandter des am 9. April 45 hingerichteten Admirals Canaris, der nachweislich am 9. und 10. April 1945 im Schloß Reinhardsbrunn und im Thüringer Landesmuseum Weimar Kunstgegenstände aus Königsberg ·abholte, in Richtung Coburg gefahren ist. Denn er lebte bis 1976 in Frankfurt a. Main. Es wäre also für ihn sehr leicht gewesen, diese Kunstgegenstände nach dem Krieg dort wieder ausgraben zu lassen.

Wahrscheinlicher führten die Fahrten des Popp in den Poppenwald bei Schlema/Aue. Dort war ein Übungsgelände der Canaris – Wehrmachtsabwehr und dort wurden in der Nacht vom 13. zum 14. April 1945 die Mundlöcher von Stollen gesprengt und am Morgen des 15. April auf dem Sportplatz von Niederschlema 83 KZ – Häftlinge erschossen, die an der Tarnung des Geländes beteiligt waren. Der Leipziger Privatdetektiv Dietmar B. Reimann hat den Poppenwald als möglichen Verbringungsort von Kunstgegenständen aus Königsberg, auch des Bernsteinzimmers recht eindeutig nachgewiesen. Wenn es Dietmar B. Reimann gelingt, Sponsoren für seine Schürfungen am Berghang von Schlema zu finden, dann wird es in diesem Jahr noch einmal ganz spannend werden.